_____ 님께

드립니다.

감성,
비우고
채워라

감성, 비우고 채워라

초판 발행 2015년 7월 15일
——

펴낸이 ㅣ 이은영
지은이 ㅣ 손정연
감 수 ㅣ 이제승

편 집 ㅣ 박민정
디자인 ㅣ 비타-民
——

펴낸곳 ㅣ 오후의책
등 록 ㅣ 제300-2014-14호
주 소 ㅣ 서울시 종로구 동숭4다길 15
전 화 ㅣ 070-7531-1226
팩 스 ㅣ 02-763-7115
e-mail ㅣ ohoonbook@naver.com
——

ISBN   979-11-950750-9-6   03180
값 15,000원

• 이 도서의 국립중앙도서관 출판예정도서목록(CIP)은 서지정보유통지원시스템 홈페이지(http://
seoji.nl.go.kr)와 국가자료공동목록시스템(http://www.nl.go.kr/kolisnet)에서 이용하실 수 있습
니다. (CIP제어번호 : CIP2015018633)

안티스트레스코칭

감성,
비우고 채워라

손정연 글 | 이제승 감수

오후의책

불안과 우울을 달고 사는 이들을 위한
위로의 물 한 모금

　누구나 마음속에는 스스로의 삶을 이끌어가는 신념이 있습니다. 그 신념은 의식이라는 테두리 안에서 활동하고 삶의 전반적인 색채와 스스로 결정짓게 하는 대처방식을 형성시킵니다. 이것이 나의 생각, 감정, 행동과 짝을 지어 핵심적인 삶의 방식을 끌고 가는데, 그 길의 중심에 서 있는 녀석이 자아(自我)입니다.

　현대인의 고통의 주범을 꼽으라면 그중 하나가 자아성(自我性) 약화로 인한 정체성 상실입니다. 쉽게 말하자면 내가 나로 살지 못하는 데서 오는 자기 학대입니다. 속도감에 젖어 있는 경쟁구도 속에 끊임없이 자신을 타인과 비교하며 바꿀 수 없는 사실을 바꾸려 하고, 수용할 수 있는 일도 수용하지 않으면서 스스로가 감정의 문맹에 빠지게 되면서 고립되는 현상입니다. 그러면서 정작 본인조차 근본적인 원인도 잘 알지 못하면서 불안과 우울을 달고 살아갑니다. 참으로 안타까운 현실이 아닐 수 없습니다.

또한 도시화, 산업화로 인해 사람들의 생활은 편리해졌지만 인간관계의 질은 갈수록 내리막길을 걷습니다. 연이은 갑질 논란, 각종 사건 사고 등으로 인해 한국사회의 특유의 정(情) 문화와 공동체 의식은 급격히 무너지고 있습니다. 인격행동장애가 5년 전에 비해 700명이 증가하고, 10대·30대의 사망원인 1위가 자살인 나라, 행복지수가 다른 나라에 비해 현저히 떨어지고, 정서적인 인간관계나 건강한 위기 대처방식을 배울 수 있는 기회 등을 갖지 못한 채심리적 균형에 대한 위협을 경험하는 사람들이 늘어나고 있는 게 현실입니다.

이런 시대에 사람들과 관계를 잘 맺고 잘 산다는 것은 무엇일까요? 이런 것들을 누군가 가르쳐준다면 좋을 텐데 말입니다.

이것에 대한 대안으로 떠오르고 있는 분야가 바로 감성코칭입니다. 감성코칭은 이 시대에 가장 척박해진 정서를 녹이는 감성이라는 것과 행복하기 위해 대상과 미래를 설계할 수 있게 만드는 코칭이 접목된 융합 학문입니다.

제가 아는 손정연 강사는 국내 감성코칭가 중 찾아보기 힘든 내공이 탄탄한 강사입니다. 내 안의 이야기와 감정으로부터 나를 발견하고, 스스로를 다듬어가는 시간 속에서 쌓이는 진솔함을 느끼게 해주는 당당함은 그녀만의 무기이고 스토리입니다.

결국은 그 스토리를 책으로 엮었다니 감성케어 전문가인 저로서는 기쁘지 않을 수 없습니다. 이 책은 이러한 시대에 꼭 필요한 백신이 될 것입니다.

그녀의 삶의 스토리를 감성코칭에 대한 지식에 버무려 진솔하게 체계적으로 담고 있습니다. 감성코칭이 더 이상 심리학 전문가의 전유물이 아니라는 점에서 이 책은 복잡한 이론을 재밌는 이야기로 만들어 알기 쉽게 쓴 책이라 할 수 있습니다.

이 책을 통하여 아픈 시대에 상처받은 내면과 상실된 자아를 위로하고 보듬는 위로의 물 한 모금이 되길 간절히 바랍니다.

- 교육심리학 박사 이제승

이 시대에
왜
감성코칭이 필요한가?

    우리는 살아가면서 시시각각 맞닥뜨리는 상황에 따라 '슬픔, 외로움, 고통, 분노, 우울, 불안, 공포, 기쁨, 편안하다'와 같은 느낌을 받게 된다. 이런 감정은 곧 몸으로 전달되어 눈살을 찌푸리거나 큰 소리를 치거나, 지끈거리는 한쪽 머리를 만지는 등의 신체의 움직임으로 반영된다. 만약 좋지 않은 일이 상대방으로 인해 벌어진 것이라는 생각이 든다면 그 사람을 향해 '너 따위가 뭘 알아?', '이게 다 너 때문이야. 넌 도대체 내 인생에 도움이 안 돼', '꼴 보기 싫으니 당장 내 눈앞에서 꺼져'와 같은 아픈 말들을 쏟아내기도 할 것이다. 이렇듯 감정은 우리의 언어와 비언어적 메시지를 통해 겉으로 표출된다.

    감정을 표출하고 나서 후회되는 이런 경험이 누군들 없겠는가.

감정도 경험으로 단련이 되면 점차적으로 성숙한 대처방법을 체득하게 되기도 한다. 더 이상 후회하지 않기 위해서라도 감정을 표출하기 전에, 감정의 메시지가 담긴 봉투를 열기 전에, 메시지를 다듬을 필요가 있지 않을까? 누군가의 마음을 다치게 하는 메시지는 아닌지, 과연 나의 행복과 연결된 메시지인지 말이다. 이렇게 다듬어진 메시지를 표출할 수만 있다면 요즘 대한민국을 시끄럽게 하는 크고 작은 사건과 개인에게 생기는 고통들로부터 벗어날 수도 있을 것이다.

감성액티브코칭은 감정이 외적 메시지로 표현되기 전에 마음을 스스로 수용하고, 긍정적 작용이 가능한 언행을 선택해 실행으로 옮기기 위한 코칭 기법이다.

● <u>당신의 마음은 안녕하십니까?</u>

여기 한 시어머니와 며느리가 있다. 저녁이 되자 시어머니는 낮에 점심을 늦게 먹었다며 저녁 식사는 괜찮다고 하신다. 며느리는 오랜만에 부담 없이 식사를 준비해도 되겠다는 생각에 냉장고에 있는 재료들로 할 수 있는 간단한 볶음밥을 떠올린다. 이때 채소를 썰어 음식을 만들고 있는 며느리 뒤로 시어머니의 목소리가 들린다.

"아니 뭘 만들기에 이렇게 시간이 걸리니? 그런 거 하나 빨리 못하고…, 쯧쯧.”

기분 좋게 시작된 며느리의 소박한 저녁 차림은 어느새 미간의 주름과 함께 어금니를 꽉 물고서 한숨을 길게 내쉬는 불편한 시간이 되어 있었다. 주방에 서서 며느리를 지켜보는 시어머니에게 며느리는 조심스레 말을 건네본다. “어머니도 조금만 드셔보시겠어요?” 그러자 시어머니는 “그래, 그럼 조금만 줘라” 하며 말꼬리를 흐린다. 며느리는 작은 콧방귀와 함께 한쪽 입술이 약하게 올라간다. 며느리는 ‘아니 처음부터 식사를 한다고 하시거나 드시고 싶은 게 있으면 말씀을 하시지, 꼭 이런 식으로 사람을 불편하게 하는 거지? 내가 그렇게 마음에 안 드시나? 도대체 어느 장단에 맞추라는 건지’라며 화가 나는 마음을 감출 수가 없다.

이런 상황을 모르는 아이들은 차려 놓은 밥보다는 TV나 휴대폰에 눈을 고정하고 있다. 급기야 며느리의 감정은 시어머니가 아닌 아이들을 향한다. “빨리 밥 먹으라고 했지! 밥 안 먹을 거면 다 들어가!”라고 소리치며 아이들 앞에 놓인 그릇을 낚아채 치워버린다.

평범한 어느 가정의 저녁 식사 모습이다. 이 상황에 며느리가 그렇게까지 화를 낼 일인지 의아해 하는 사람이 있는가 하면, 며느리의 상황과 감정을 충분히 공감하는 사람도 있을 것이다. 동일한 상황이지만 우리는 각자 서로 다른 감정을 느끼고 행동하게 된다. 왜일까? 그것은 바로 개개인이 가지고 있는 감성의 그릇이 서로 다르기 때문이다.

　일상을 영위하는 데 있어 개인은 다양한 상황에 놓이게 된다. 그 상황을 해석하는 기준은 사람마다 다르다. 상황에 대한 해석을 위해 우리는 부모로부터 받은 기질과 더불어 삶의 과정에서 배워온 많은 경험과 교육, 지식 그리고 개인적인 기대와 욕구 등으로 형성된 '지각'을 사용하게 된다. 이러한 '지각'은 사람이 인생에 반응하는 태도로 작용하는데, 이때 보다 합리적이고 건강한 선택을 할 수 있도록 내면에 작용하는 힘을 '감성'이라고 할 수 있다. '감성'은 개인의 그릇의 크기와 모양에 따라 인생의 곳곳에서 일어나는 크고 작은 일들을 바라보는 태도와 반응을 다르게 만들어낸다.
　감성은 '슬프다, 기쁘다, 화난다' 등의 감정과는 다르다. 많은 사람들이 감성과 감정을 헷갈려하는데 우리는 이 둘의 차이점을 구분하는 것에서부터 감성코칭을 출발해야 할 것이다.
　창밖에 지는 낙엽을 보며 누구는 '쓸쓸함'을, 누구는 '평온함'의 감정을 느낀다. 이때의 느낌이 감정이다. 그리고 이 감정을 느끼기까지 나의 의식과 무의식 속에 작용되어지는 힘을 감성이라 할 수 있다. 사전적 의미의 '감성(感性)'의 뜻을 보니 '자극, 변화를 느끼는 성질'이라고 되어 있다. 쉽게 한 사람을 결정짓은 성질이자 본질이 감성인 것이다.

성숙한 감성을 가지고 있다는 것은 고통에 적응하는 방법을 잘 아는 것과 같다. 인생이 마음먹은 대로 어긋남 없이 잘 풀린다면, 예측한 대로만 펼쳐진다면 문제될 것은 없다. 그러나 우리가 살아가는 인생은 예측이 불가능하다. 가족이나 지인의 갑작스런 사망으로 큰 충격에 휩싸이거나 수 년간 공들인 고객사의 도산으로 예상치 못한 손해를 입게 되기도 하는 것이 인생이다. 이런 일들이 내게 일어난다면 나는 어떤 태도를 보이게 될까? '왜 하필 나에게 이런 일이 생기는 거지? 왜 내가 이런 일을 겪어야 하는 거지?'라며 투덜대고 있을 것인가? 아니면 '그 사람만 아니었어도 이렇게까지는 되지 않았을 텐데'라며 타인 탓으로 돌릴 것인가? 두 방법 모두 문제를 해결하는 데, 또 마음의 아픔을 극복하는 데 별다른 도움이 되지 않는다는 것을 우리는 잘 알고 있다.

그렇다면 인생이 행복해지는 데 필요한 현명한 태도는 무엇일까? 물론 이 또한 행복에 대한 개개인의 기준이 다르기 때문에 정답은 없다. 그럼에도 보편적으로 우리가 생각할 수 있는 방법은 얼마간의 애도의 시간을 가진 후 남은 사람들과 의지하며 아픔을 이겨내고, 회사의 손해를 최소화 할 수 있는 여러 방법들을 모색하는 것이다. 고통의 순간 느끼게 되는 감정에 머무르기보다는 행복한 인생과 연결되는 긍정적 사고로 작용될 수 있도록 내 마음을 통제해야 하는 것이다. 그래서 감성은 마음의 움직임을 조절하는 능력과 밀접하게 연관되어 있다고 할 수 있다.

우리가 경험하게 되는 상황이나 사건 자체가 스트레스로 즉각 작용하는 것은 아니다. 그 상황을 어떤 관점에서 보느냐에 따라 스트레스가 되기도 하고, 우연히 일어난 단순한 사건으로 끝나기도 한다. 눈에 보이지 않는 상황을 해석하는 데 있어 슬픔에 깊이 빠져 '나는 살 가치가 없어'라는 극단적인 결정을 내리지 않도록 해야 하며, '너만 아니면 난 성공했을 거야'라며 타인을 증오하지 않도록 해야 한다. 그러려면 하루에도 몇 번씩 불쑥불쑥 통제되지 않고 올라오는 감정을 수용할 수 있어야 한다. 너무나 팍팍하거나 느슨해서 나와 상대방을 힘들게 하는 삶의 기준을 점검할 필요가 있으며, 상황을 사실대로 보지 못하고 왜곡시키는 나의 생각들을 분리시켜서 볼 수 있어야 한다.

이렇듯 감성코칭은 고통에 적응하는 성숙한 자아를 만들어내기 위해 다양한 마음의 재료들을 분리하고 수용하며 다시 혼합해 가는 과정을 일컫는다.

● 감성액티브코칭, 변하고 싶다면 변화를 주는 일

잘 만져진 마음의 재료는 고통으로부터 도망치거나 숨지 않는 성숙한 자세를 유지하도록 도울 것이다. 우리는 누구나 지금보다 미래에는 모든 면에서 조금 더 발전하기를 바란다. 과거의 상처와 고통을 안고 그대로 살아가고픈 사람은 한 명도 없을 것이다. 하지만 발전은 그저 기다린다고, 인내한다고 주어지는 것이 아니다. 매일 아침 늦잠으로 지각하는 학생이 지각을 면하기 위해서 평소보다 10분 정도는 일찍 일어나 준비를 해야 하는 것처럼 무엇이라도 내 생활방식에 작은 변화를 주어야 과거와 현재, 그리고 미래의 내 삶이 바뀔 수 있는 것이다.

감성액티브코칭은 내 마음의 주원료를 발견한 후 수용하고 진화시키기 위해 스스로의 행동양식을 만들어 실천으로 연결함으로써 내면과 외면의 건강함을 되찾고 유지할 수 있도록 돕는 데 큰 역할을 한다.

이 책은 당신이 오늘보다 내일 더 발전된 삶을 살아갈 수 있도록 내면에 형성된 각자의 대처방식을 긍정의 방향으로 이끌도록 도울 것이다. 자신을 객관적으로 바라보고, 자신의 감정과 행동의 원인이 되는 동기를 알아가며, 또한 자신의 강점과 약점을 알게 될 것이다. 나 자신이 어떤 사람인지 알아가는 자기인식을 통하여 나를 수용하고, 내가 가진 마음의 원료를 잘 합성하여 내게 맞는 건강한 대처방식이 무엇인지를 깨닫게 되는 귀한 지침서가 되어줄 것이다. 한 마디로 자신의 마음을 건강하게 균형 잡아 타인과 더불어 행복하게 살 수 있도록 도와주는 데 영향을 끼칠 것이라 믿는다.

책을 읽는 동안 우리가 가진 마음의 재료인 본능과 이성의 균형을 맞추는 가운데 우리 내면을 조종하는 무의식 속 경험들을 기억

해낼 것이다. 그 기억 속에는 가족이 있고, 그 가족 안에서 내가 맡았던 역할을 보게 될 것이다. 인생의 성장과정에서 겪은 상처의 기억이 있다면 수용하고 공감하는 방법 또한 배울 것이다. 이렇게 강화된 감성은 인생의 매순간 행복을 선택할 수 있는 긍정적 사고와 행동양식을 선물할 것이다.

모든 것이 예측 불가능한 현대사회에서 우리는 심각한 경쟁으로 인한 좌절과 열등감, 패배감을 느끼는 불안한 사회에서 살고 있다. 성숙한 자아를 가졌다면 이런 세상 속에서 돌발적으로 일어나는 다양한 상황에 합리적으로 대처할 수 있을 것이다. 감성 액티브코칭은 성숙한 자세를 만들어 내는 가장 좋은 도구가 되어 줄 것이다.

ⓒ박민정

가만히 마주보고 눈을 맞추는 것은
당신의 이야기를 모두 들어줄 수 있는 준비가 됐다는 것.
자, 우리도 이제 준비해 볼까?

- 박민정(작가, 편집자)

감성액티브코칭
1단계

발견하기

감정을
내려놓고 싶다면
마음에 주목하라

오늘 내 마음은
kill me? heal me?

얼마 전 나는 어린 시절 외상으로 인해 다중인격이 된 주인공의 상처 극복과 사랑에 관한 이야기를 담은 TV 드라마 〈킬미 힐미〉에 푹 빠져 있었다. 극 중 여주인공이 자살을 시도하는 남자의 인격을 향해 한 말이 아직도 마음에 남아 있다.

"누구나 마음속에 여러 사람이 살아! 죽고 싶은 나와 살고 싶은 내가 있어. 포기하고 싶은 나와 지푸라기라도 잡고 싶은 내가 매일 매일 싸우며 살아간다고…."

정말 드라마 속 주인공의 대사처럼 사람의 마음속에는 여러 사람이 함께 살고 있을까? 나의 대답은 '그렇다'이다.

도로에서 자동차 주행을 할 때를 예로 들어보자. 운전을 하다 보면 예상치 못한 돌발상황이 발생하게 된다. 나의 경우에는 특히 다른 차량과의 충돌을 피하기 위해 급정거를 할 때가 가장 당황스럽다. 옆 차선을 달리던 차가 신호도 없이 갑자기 끼어들 때도 크게 감정이 상하는 편은 아닌데, 간혹 같은 상황에서 나도 모르게 '뭐야 매너 없이…'라는 말이 퉁명스럽게 나올 때가 있다. 운전을 하는 주체도 상황도 바뀐 것은 없는데 왜 상황에 대처하는 내 자세는 바뀌어 있는 것일까? 바로 내 마음속에는 여러 명의 내가 있기 때문이다. 이해하고 수용하는 내가 있는가 하면, 방어하고 시시비비를 가리고픈 나도 있는 것이다. 이때에 '수용하는 나'는 '착한 나'로, '비판하는 나'는 '나쁜 나'로 구분지을 수는 없다. 왜냐하면 둘 다 인생을 살아가는 데 반드시 필요한 요소이기 때문이다. 단, 주어진 상황에 따라서 가장 긍정적으로 해석되는 자세가 있을 뿐이다.

또 한 가지 예를 들어 보자. 주말을 이용해 친구들과 제주도로 여행을 갔는데 태풍이 불어 일요일 밤에 발이 묶였고 모든 항공사의 비행기 이륙과 착륙이 금지된 상태이다. 이때 우리는 어떤 행동을 취해야 할까. 이 상황에서 필요한 나는, 현재 벌어진 상황을 인정하고 '수용하는 나'여야 한다. 그런 다음 보여야 할 자세는 항공사에서 승객들을 위해 제공하는 서비스는 무엇이 있고, 가장 빠르게 이륙이 가능한 때는 언제로 예상하고 있는지, 월요일 아침에는 회사에 어떤 조치를 취해야 하는지를 점검하는 '비판하는 나'여야 한다. 그러니 '나쁘다, 좋다'로 구분지어 나쁜 쪽을 없애는 것이 답이 아니라, 상황에 따라 알맞은 나를 꺼내 합당한 자세를 취할 수 있어야 한다. 사실 그대로를 받아들일 수 있는 수용하는 내가 없다면 불가항력적인 날씨가 원인이 확실함에도 불구하고 왜 비행기를 띄울 수 없냐고 불만을 토로하는 블랙컨슈머Black consumer가 될 것이다. 반대로 비판하는 내가 없다면 좋든 싫든 항공사에서 제공하는 서비스만을 수용할 뿐 더 나은 방법으로 대처하는 것이 불가능할 것이다. 그래서 우리의 마음은 여러가지여야 하며, 내가 가진 마음의 종류가 무엇인지를 가려 상황에 맞게 합리적으로 대처할 수 있도록 올바른 지각을 키워야만 한다.

행복한 인생을 위해서는 매순간 긍정적인 방향으로의 선택이 필요하며, 한쪽으로 치우치지 않는 태도를 갖춘 사람이 올바른 선택을 할 수 있을 것이다. 감성액티브코칭에서는 이런 사람을 성숙한 자아, 또는 행복한 자아를 가진 사람이라고 말한다.

그렇다면 행복한 자아를 만들기 위해 우리가 가장 먼저 해야 하는 셀프코칭은 무엇일까? 바로 '나'를 알아가는 자기인식의 과정을 거치는 일이다. 나 자신이 가진 마음의 재료를 더하거나 빼지 않고 있는 그대로 객관적으로 바라볼 수 있어야 한다. 이것을 심리학에서는 자기직면Self-confrontation이라고 한다. 이는 자신의 문제를 인정하고 그것을 해결하기 위해 자신과 정직하게 맞서는 것을 의미한다. 이렇게 되었을 때 자신이 자주 사용하는 삶의 대처방법을 알 수 있게 된다. 그 대처방법에 잘못됨과 부족함이 있다면 바꿔야 하며, 그러기 위해서는 자기 안에 어떤 마음들이 살고 있는지 즉, 자신이 어떤 사람인지 정확히 알아보는 과정이 필요하다.

많은 사람들은 부정적인 나와 직면하기를 꺼려한다. 마치 자신이 비도덕적이며, 심하게는 파렴치한처럼 여겨지기도 하기 때문이다. 하지만 위의 제주도 여행의 경우를 봤을 때 마음의 재료 자체가 긍정이거나 부정인 경우는 없다. 그저 하나의 수저통 안에 숟가락과 젓가락이 뒤죽박죽 섞여 있는 것처럼 한데 엉켜있을 뿐이다. 그중 버려야 할 수저는 하나도 없다. 단지 숟가락과 젓가락을 잘 분리하여 정리하기만 하면 되는 것이다. 간혹 포크나 나이프가 잘못 들어가 있다면 어디에서 왜 섞여 들어온 것인지를 파악하여 제자리로 돌려보내거나, 그것이 어렵다면 함께 놓일 수 있도록 작은 자리를 마련해 주면 될 것이다.

이제부터 내 마음을 발견하고 행복한 감성의 자아를 만들기 위해 감정과 방어기제라고 하는 행동 패턴, 그리고 그것들의 원인이 되는 욕구와 동기에 대해 이야기하려 한다.

★ 발견하기

마음의 거울
작동시키기

마음이라는 것은 안타깝게도 눈에 보이거나 손으로 만질 수가 없다. 그렇다면 어떻게 자신의 마음을 인식할 수 있을까? 내가 어떤 감성을 가진 사람인지 알기 위해 무엇에 집중해야 할까?

바로 자기 성찰Self-consciousness: 자의식이다. 성찰은 인간에게만 주어진 내적 능력으로 내가 행하는 외적인 행동의 원인과 동기를 들여다 보고 인식하기 위해 마음과 정신에 집중하는 과정을 말한다. 조금 더 쉽게 얘기하자면 외적으로 표출되는 행동과 감정들에는 각각의 의미와 목적이 있는데, 이것은 보이지 않는 내적 생각, 욕구, 기대, 갈등 등이 표현된 것이다. 즉, 우리 마음은 내적 요인과 외적인 행동이 연결되어 있기 때문에 5가지 감각기관을 통해 보고, 듣고, 느끼는 자신의 행동을 있는 그대로 관찰한다면 나의 내면이 어떤 감성의 집을 짓고 있는지 역으로 읽을 수 있다.

이것은 프로이트Sigmund Freud의 정신분석론의 기본 가정과 같다. 프로이트는 인간의 마음을 빙산에 비유했다. 물 위에 떠있는 빙산의 작은 부분을 의식이라고 한다면, 물속에 잠겨 있는 빙산의 더 큰 부분을 무의식이라고 했고, 이것은 의식을 조종하는 보이지 않는 힘이라고 주장했다.

● 감정과 이성의 시소타기

첫 번째로 자신의 행동 결과를 관찰하기 전 그러한 행동을 행한 감정에 정확히 주목할 필요가 있다. 이성의 뇌는 감정의 뇌가 지배하기 때문이다.

다음은 1848년 미국의 서부 철도 공사장에서 일하던 철도 노동자 피니어스 게이지의 사례이다. 그는 직장에서 동료들로부터 정직하다는 평을 많이 들었으며, 신뢰도 또한 높은 예의바르고 완벽한 사람으로 평가받는 직원이었다. 상사는 그가 충성심과 직업윤리가 뛰어나고 동료들에게 친절하며, 배려심이 깊은 사람으로 기억하고 있었다. 그런데 어느 날 철도 작업 중 땅에 묻혀있던 다이너마이트가 터지면서 길이 1미터에 6킬로그램의 무게에 가까운 철로 선이 튀어나가면서 게이지의 왼쪽 뺨을 뚫고 머리 위쪽으로 관통하는 사고가 발생했다. 바로 병원으로 옮겨진 게이지는 마틴 할

★ 발견하기

"We are naver walking alone"
나는 절대 혼자가 아니야

- 손주완(산바위사람)

로우라는 의사에게 수술을 받고 3개월 후 퇴원해 복직할 수 있었다. 하지만 게이지는 사고가 나기 전과는 전혀 다른 사람이 되어 있었다. 그는 잔인하고 호시탐탐 사람들을 이간질하고 싸움을 좋아하는 사람이 되어 돌아왔고, 그 때문인지 12년 동안 여러 직장을 이직해야만 했다. 사고 때 그를 수술했던 할로우 박사는 그가 죽은 후 가족들의 동의를 얻어 사체를 연구했는데 이마 부분의 전두엽이 크게 망가져 있었다고 한다. 뇌의 가장 안쪽에 위치한 변연계를 감정의 뇌라고 하며, 뇌의 신피질이라 하는 전두엽을 인간의 뇌 또는 이성의 뇌라고 한다. 피니어스 게이지는 이성의 뇌인 전두엽의 손상으로 감정의 조절과 충동 절제에 문제가 생겼던 것이다.

이렇듯 감정의 뇌가 이성의 뇌를 이끄는 경우는 단지 사고로 뇌의 일부분이 손상된 환자에게만 일어나는 일은 아니다. 뇌의 손상이 전혀 없는 정상인에게도 감정과 이성 사이의 균형을 유지하지 못할 경우에는 피니어스 게이지와 같은 일들을 끊임없이 경험하게 되는 것이다. 우리는 하루에도 몇 번씩 감정과 이성 사이에서 선택의 갈림길에 서게 된다. 어떤 사람은 지극히 본능의 욕구에 가까운 감정을 선택하고, 어떤 사람은 한 치의 망설임도 없이 이성적이고, 논리적인 선택을 한다. 감정적인 나와 이성적인 나, 둘 중 무엇이 옳고 그르다고 하기에 앞서 감정이 과잉되거나 이성이 과잉될 때 여러 가지 문제들이 파생된다는 것을 알아야 한다.

★ 발견하기

나는
감정 트러블메이커

감정을 느끼고 표현하는 것에 자유롭다는 것은 그만큼 솔직한 성격이며, 타인의 감정에 공감할 줄 아는 감정이입이 잘 되는 사람이다. 이런 사람은 당연하듯 인간관계 형성에 어려움이 없으며 뛰어난 정서적 소통 능력도 겸비하고 있다. 하지만 감정을 절제하지 못하고 과잉될 경우에는 상대방에게 상처가 되는 말을 하고, 감정의 화살이 자신에게로 향했을 때는 극심한 우울증에 시달리기도 한다.

일과 육아로 몸과 마음이 지쳐 있는 워킹맘이 피곤함, 서글픔, 막막함, 짜증의 감정이 과잉되어 칭얼대는 아이를 향해 "그만 울지 못해!"라며 소리를 지르고 손찌검을 해버린 일이 있다고 하자. 이것은 평소 상사의 일처리 방식이 마음에 들지 않던 부하가 팀의 일이 끝나지도 않았는데 매일 혼자서 정시 퇴근을 하는 상사를 보며 분함, 억울함, 약이 오르고 당황스러운 감정이 과잉되어 회의실 문을 박차고 나가버리는 거친 행동과 비슷한 경우다.

반대로 감정을 지나치게 축소하거나 억압할 경우에는 다소 냉정한 사람으로 평가받기도 한다. 지난 2014년 4월, 진도에서 세월호 사고가 났을 당시 자기 일처럼 슬퍼하는 사람들이 있는가 하면 '언제든 일어날 수 있는 재해로 뭐 이렇게 전 국민이 슬퍼할 것까지 있어?'라며 별일 아니라는 반응을 보인 사람들도 있었을 것이다.

이렇듯 감정과 이성 사이에서 적정한 균형을 유지하지 못하고 지나치게 한쪽으로 과잉될 경우 오랜 기간 자신이 노력했던 일의 결과를 좋지 않게 만들거나, 타인과의 관계를 파괴하기도 한다. 나는 과연 감정에 지나치게 예민한 사람은 아닌지 간단한 체크를 통해 알아보기로 하자.

1. 낯선 사람들과 함께 있을 때면 불편한 감정을 여과 없이 드러낸다.
2. 타인의 말과 행동에 나의 상황과 처지를 연결시켜 민감하게 반응한다.
3. 감정상태가 표정으로 그대로 드러나 표정관리가 되지 않는다는 말을 자주 듣는다.
4. 자신의 약점에 지나치게 의식하다 보니 매사에 자신감이 없고 위

★ 발견하기

축된다.

5. 타인에게 너무 잘 동조되며, 줏대 없이 행동한다는 소리를 자주 듣는다.

6. 공과 사의 구분 없이 하고 싶은 대로 행동한다.

7. 과거에 집착하여 후회하는 경향이 크다.

8. 감정 기복이 크며, 남들이 나의 감정에 반응해주기를 원한다.

9. 원하는 것이 좌절되었을 때 그 상황을 받아들이는 것이 어렵다.

10. 주어진 환경이나 주변 사람들을 탓하는 경향이 있다.

10가지 항목 중 해당되는 개수가 많을수록 감정에 지나치게 반응하는 타입이다.

은밀하고 세밀하게
감정 들여다보기

　과잉되는 감정을 조절하기 위해서는 감정인식 훈련이 필요한데, 그것의 출발은 '감정지식'의 확대이다. 감정지식이란 '희노애락애오욕(喜怒哀樂愛惡慾)'에 해당하는 다양한 감정의 사례를 인생에서 많이 경험하는 것으로, 마치 지식을 쌓는 것에 빗대어 만든 단어이다. 감정지식이 풍부한 사람일수록 감정의 표현과 타인의 감정을 수용하고 공감하는 것이 수월한 것은 당연한 일이다.

　감정도 세기에 따라 약-중-강으로 나누어 볼 수 있다. 내가 느끼는 감정의 단계가 어디에 속하는지를 명확히 알고 있는 사람은 감정의 표현이 자유로우며 가장 거부감 없이 감정을 내려놓는 방법을 습득할 수 있게 된다.

　감정의 척도가 '기쁨 VS 분노'로 이분화 되어 있는 사람과, 좋다, 나쁘다의 사이사이에 만족, 편안함, 서운함, 우울, 부끄러움, 화 등의 여러가지 단계별로 세분화 되어 있는 사람은 자신에게 일어난 상황에 반응하는 정도가 다르다는 것이다. 기쁨 또는 분노로 이분화 되어 있는 사람은 조금만 자신의 마음에 들지 않으면 바로 '화가 나'로 해석하고 그 화를 다른 대상을 향해 분출해 버린다. 그러나 여러 단계로 세분화 되어 있는 사람은 무언가 마음에 들지 않아서 서운한 것인지, 답답한 것인지를 알기 때문에 극단적인 표출을 하는 경우가 줄어든다. 이것은 마치 우리가 수학공식을 많이 알고 있는 학생이 그렇지 않은 학생에 비해 문제에 접근하는 방식이 다채로워지는 것과 같은 이치이다.

또한 삶 속에서 '희노애락애오욕'의 감정을 다양하게 경험하며 살아 온 사람일수록 타인에 대한 감정이입과 공감이 쉬워진다. 한국 사람은 슬퍼도 화를 내고, 걱정이 되어도 화를 내며, 부끄러워도 화를 낸다는 우스갯소리가 있다. 이것만큼 우리의 현실을 직설적으로 표현한 말도 없을 것이다.

각각의 감정이 가진 의미와 세기의 정도에 따라 해당 감정을 적정하게 사용하다 보면 합리적인 대처방법에 보다 빠르게 접근할 수 있을 것이다.

사귄 지 일 년이 넘은 여자(남자) 친구에게서 요즘 연락이 뜸하다. 전화를 받지 않을 때도 많고, 받더라도 바쁘다며 다음에 통화하자는 말이 되풀이된다. 문자 메시지에 대한 답장도 한참 후에 보내온다. 어느 날 길을 걷다 우연히 내부 인테리어가 마음에 들어 들어간 카페에서 여자(남자)친구가 다른 이성과 손을 맞잡고 앉아 있는 모습을 목격하게 되었다. 당신의 감정은?

1. 지금 느낀 감정을 적어주세요.

2. 아래의 감정 분포표를 본 후 다시 적절한 감정을 찾아보세요.

[감정분포표]

감정의 세기	행복	슬픔	분노	두려움	부끄러움
강	흥분되는 짜릿한 황홀한 희열 감동받은	비참한 비통한 애통한 비루한 낙담한	증오스러운 절망스러운 울화가 치미는 열 받는 억울한	공포 끔찍한 섬뜩한 오싹한 겁나는	후회스러운 망신스러운 수치심 모멸감 죄스러운
중	신나는 기쁜 상기된 흐뭇한 즐거운	혼란 후회 울적함 외로움 쓸쓸함	허탈 짜증 답답한 불쾌한 속상한	무서운 불안한 막막한 초조한 진땀나는	미안한 비굴한 주눅 든 낯 뜨거운 곤혹스러운
약	흡족한 만족한 느긋한 편안한	그리운 서운한 기운 없는 안타까운	떨리는 심란한 불편한 약 오르는	걱정 염려되는 놀란 긴장되는	불편한 겸연쩍은 창피한 당황스러운

　　감정의 단어를 잘 모를 때에는 '절망스럽다', '열 받는다'와 같은 다소 강도가 높은 감정으로 마음을 표현하지만, 감정의 단어를 충분히 이해하고 난 후에는 '당황스럽다', '불쾌하다'라는 다소 낮은 감정으로 표현할 수 있게 된다. 강도가 높은 감정일수록 내려놓는 것이 힘들고, 강도가 낮을수록 감정의 조절이 한층 수월해질 수 있게 된다. 결국 내 감정의 지식이 어느 정도에 위치하느냐에 따

라 감정 인식의 수준과 조절 능력 또한 달라질 수 있다는 것이다.

여기에서 인식이라는 단어는 자각하고, 이해하며, 식별한다는 의미를 내포하고 있다. '자각Awareness'의 의미는 말 그대로 받아들이고 느끼고 있는 것을 알아차린다는 뜻이다. 예를 들어, 내가 베란다에서 밖을 내다보고 있을 때 기운이 없고, 의욕도 없으며, 모든 것이 귀찮고 싫은 상태인 것을 알아차리는 것이다. 그리고 곧 사람들과 이야기하기 싫고 혼자 있고 싶다는 것으로 자신의 상태를 자각하면서, 이 기분이 우울한 감정이라고 정의 내릴 수 있는 것을 '이해'라고 한다. 그리고 우울함의 원인을 기념일인데도 자신이 원했던 것에 아무런 반응을 보이지 않던 배우자로 인해 느끼게 되었다는 것 또한 이해하게 된다. 그리고 이 감정이 학창시절 시험에 떨어지거나 회사에서 열심히 준비했던 프로젝트가 채택되지 않았을 때 느꼈던 좌절감과는 다르다고 분간해내는 것을 '식별'이라고 한다.

이것이 자신의 감정을 인식하는 과정이며, 평상시 내가 느끼는 감정을 통해 별 것 아니라고 축소하거나 억압하지 않고 세밀하게 관찰하는 훈련이 필요하다.

★ 발견하기

● <u>감성액티브코칭 1단계</u>

● **기적의 emotional calendar 작성하기**

그렇다면 지금부터는 자신의 감정을 객관적으로 들여다볼 수 있는 훈련을 해보도록 하자. 그것을 도와줄 감성액티브코칭 도구는 기적의 감성달력이다.

매일 저녁 하루를 점검하며 하루 중에서 큰 비중으로 마음을 이끌었던 감정을 떠올린다. 그리고 아래 칸에 감정 단어를 [감정분포표]를 참고하여 빈칸에 매일매일 작성하도록 한다. 이렇게 14일 동안 감정을 찾다보면 다양한 감정단어에 익숙해질 것이다. 그리고 14일 동안 체크된 감정을 확인하게 되면 최근에 자신이 스트레스 상황이었는지, 아닌지를 쉽게 눈으로 확인할 수 있다. 나의 감정이 지속적으로 하향선을 타고 있다면 왜 그런 상태가 되었는지 마음을 들여다 보고, 자신에게 맞는 스트레스 해소법을 선택하여 마음 관리를 해주어야 할 것이다.

[**14일 기적의 emotional calendar**]

→ 14일 동안 나의 주된 감정은?

→ 부정의 감정이 주된 감정이었다면 그 이유(욕구)는 무엇이었는가?

→ 내가 이 감정을 유지하는 것이 의미가 있는가?

분노의 감정이 주로 적혀 있다면 휴식을 통해 스트레스의 요인들로부터 벗어나 쉴 수 있는 시간을 가져보길 권한다. 도심을 벗어나 자연을 통한 쉼이라면 더욱 좋을 것이다.

우울함이 가득한 슬픔의 감정이 주로 적혀 있다면 기분 좋은 자극을 통해 억눌러진 감정을 표출할 수 있길 바란다. 마음이 편안해지는 사람들과의 모임을 갖거나, 야구장을 찾고, 콘서트장에서 마음껏 소리를 질러보는 것도 좋을 것이다. 각각의 다른 장소와 그 속에서 다르게 주어진 역할들을 수행하는 과정을 통해 최대한 많은 감정들을 느껴볼 수 있어야 한다.

내가 원하는
내가 되기 위해

미국의 심리학자 존 메이어John Mayer는 사람들이 자신의 감정에 집중하거나 감정을 다루는 데 있어 상이한 태도를 보인다고 주장하며, 그 유형을 세 가지로 구분했다.

첫째, 자기인식형Self-Awareness이다. 자기인식형의 사람들은 자신의 감정을 인식하고 자신의 한계에 대해 긍정적으로 해석해 행동방식을 선택하는 특징을 가지고 있다. 쉽게 말해 자신이 느끼는 감정을 정확히 자각, 이해, 식별을 거친 뒤 상황을 극복할 수 있는 가장 합리적인 방법을 선택하는 것이다.

둘째, 몰두형Engulfed으로 감정에 휩싸이는 유형이다. 과잉된 감정으로 인해 이성적 통제력을 상실하게 되는 경우가 이에 속한다. 요즘 우리 사회에 빈번하게 일어나는 많은 사건(범죄)들이 이런 감정 과잉의 몰두에서 일어난다고 볼 수 있다.

셋째, 수용형Accepting이다. 감정이 무엇인지 느끼고 그대로 받아들이지만, 그 상황에 대해 적극적으로 감정의 기류를 좋은 방향으로 변화시키려는 의지는 없다. 감정을 그대로 인정해버리며 수동적인 태도를 보이는 것으로 만성 우울증 환자에게 많이 나타나는 증상과 같다. 이들의 특징은 '그럼 그렇지. 이렇게 될 줄 알았어. 역시 변하는 것은 아무 것도 없어'라며 자포자기해버리는 상태에 놓이게 된다.

자기인식형의 사람처럼 감정과 이성의 균형 있는 감성을 유지하기 위해서는 자신이 어떤 자아모델을 갖고 있는가가 매우 중요하게 작용한다. 개인이 가지고 있는 자아모델의 유형에 따라 자신의 감정을 변화시키려는 행동이 다르게 나타나기 때문이다.

자아모델이란, 자신에 대한 역할을 스스로에게 자각시키고 이를 통해서 자신의 행동을 이끄는 데 결정적인 역할을 하는 것을 말한다. 예를 들면 "나는 행복한 소통을 전파하는 강사이다"와 같은 자기실현의 예언self fulfilling prophecy이라 할 수 있을 것이다. 나 또한 감성코칭 강의를 하는 강사이지만 간혹 소소하게 감정이 상하는 일을 경험하거나 실수를 할 때도 있다. 더러는 가족 안에서 엄마와 아내의 역할을 다하지 못해 미안해 하거나, 바쁜 일정으로 몸과 마음이 지쳐 내려놓고 싶을 때도 있다. 하지만 그때마다 나를 잡아주는 것 중 하나가 바로 자기실현의 예언이 담겨 있는 '자

★ 발견하기

우울한 사람은 과거에 사는 것이고,
불안한 사람은 미래에 사는 것이고,
평안한 사람은 이 순간에 사는 것이다.

- 노자

아모델'이었다.

　나는 평소 어떤 자아모델을 가지고 있었는지 생각해 보고, 아직까지 특별한 자아 모델을 가지고 있지 않다면 지금 이 순간 고민하여 작성해보는 것도 좋은 인식 훈련이 될 것이다.

　"나는 ＿＿＿＿＿＿ 하는 ＿＿＿＿＿＿ 이다"

　내 마음을 알아가는 자기인식을 위해 우리는 감정의 자각과 이해, 식별의 과정을 통한 인식 훈련의 중요성을 깨달았다. 그리고 과잉된 감정에 휘둘리는 사람이 되지 않고 이성과의 적정한 균형을 맞추기 위해 스스로의 행동을 이끄는 데 중요한 역할을 하는 자아모델도 작성했다.

　다음으로는 이런 감정의 영향이 행동으로 연결될 경우 우리가 일반적으로 어떤 태도를 형성하게 되는지에 대해 알아보자.

● 나를 발견하는 물음표 2 ●

Q1: 나는 감정의 흐름에 민감합니까?

Q2: 감정이 과잉되지 않도록 통제하고 조절하는 나만의 방법이 있습니까?

★ 발견하기

마음의 평온을 핑계 삼아
꺼낸 가면

강사가 되기 전 근무했던 직장에서 있었던 일이다. 어느 날 아침, 부서 내 골치 아픈 일이 생겼고, 그것을 담당하는 P과장이 휴대폰을 꺼놓은 채로 연락이 되지 않았다. 모두들 P과장의 행방을 찾고 있을 때 부서 내에서 P과장과 가장 긴 시간을 함께 일했던 상사가 황당한 지시를 내렸다. 지금 서울역 대합실에 가면 P과장이 있을 테니 데리고 오라는 것이었다. 그 지시라는 것이 무척이나 황당하기도 했고, 그게 사실이라면 P과장의 행동이 한 직장의 관리자다운 태도는 아니라고 생각했다. 그런데 놀라운 것은 P과장의 이런 돌발행동이 이번이 처음이 아니라는 것이었다. 그 상사는 비슷한 상황이 발생할 때마다 했던 P과장의 행동 패턴을 기억하고 있었고, 그 생각은 적중했다. 그렇다면 P과장은 왜 그런 행동을 했을까?

사람은 예상치 못한 상황 즉, 무엇인가로부터 위협을 당할 때와 같이 불안하거나 두려운 상황에 놓였을 때 무의식적으로 자신을 보호하기 위해 일정한 패턴의 행동 방식을 형성하게 되는데 이것을 심리학에서는 방어기제Defense Mechanism, 또는 생존기제라고 한다. 어떤 사람은 지극히 이성과 논리에 근거하여 행동하는가 하면, 어떤 사람은 감정적으로 행동하기도 한다. 이것은 사람마다 어떤 방어기제를 가지고 있느냐에 따라 달라진다.

1938년부터 현재까지 진행 중인 '하버드대학교의 성인발달연구'로 유명한 조지 베일런트George Vaillant 교수는 일상생활에서 어떤 방어기제를 사용하느냐에 따라 행복의 조건이 달라진다고 했다. 성숙한 방어기제 즉, 적응적 방어기제는 소소하게 불쾌한 상황에 부딪히더라도 심각한 상황으로 몰아가는 일 없이 긍정적으로 전환할 수 있는 능력을 일컫는다. 이러한 방어기제를 이해하기 위해서는 프로이트가 말한 인간의 마음 구조의 구성 요소인 원초아id와 초자아super-ego, 그리고 자아ego에 대한 이해가 필요하다.

원초아는 인간의 원초적이고 본능적인 욕구를 말한다. 초자아는 인간의 마음속에 있는 도덕적 가치, 윤리의식, 이상적인 부분을 말한다. 마지막으로 자아는 원초아와 초자아를 중재하여 현실적으로 문제되지 않는 방법으로 욕구를 충족시키는 기능을 한다. 이

★ 발견하기

것은 마치 마음 속 시소에 비유된다. 감정과 이성을 원초아(본능)와 초자아(도덕적 사고)로 빗대어 이야기할 수도 있겠다.

그렇다면 앞의 P과장의 사례처럼 직장에서 흔히 일어나는 일을 예로 들어보자.

나는 임원에게 보고할 자료를 K과장에게 전달하면서 유의할 사항에 대해 설명했는데 K과장은 내 설명을 귀기울여 듣지 않았다. K과장은 자신의 생각대로 임원에게 보고했다가 서류와 일치하지 않는 내용들에 대해 지적을 당했다. 임원 앞에서 모욕감을 느낀 K과장은 오히려 나에게 왜 보고서 내용 중 유의사항이 있음을 잘 설명하지 않았느냐며 언성을 높여 질책한다. 이때 나의 본능적 욕구는 K과장에게 가서 책상을 힘껏 내리치며 보고서에 관해 설명해 줄 때는 귓등으로도 안 듣더니 왜 딴소리를 하는 거냐며 맞받아치라고 계속해서 내 마음을 자극해 온다. 그러자 나의 도덕적이며 윤리적인 사고는 그건 옳은 행동이 아니며, 어찌되었든 상사이기 때문에 상사의 말에는 복종해야 한다고 타이른다. 이때 자아는 생각한다. 상사에게 대드는 것은 너무 위험하고, 가만히 있자니 억울해 K과장의 업무 태도를 잘 알고 있고, 같은 경험을 해서 답답함을 호소했던 동기에게 뒷담화라도 해야겠다고.

이렇듯 인간은 삶의 순간들에서 마음의 평화로움을 깨뜨리는 사건들이 일어나게 되면 불안해진다. 이때 자아는 본능의 욕구에 대항하여 도덕적 기준에 위협적으로 나타날 수 있는 불안을 없애고, 마음의 평정을 회복하려고 노력하게 된다. 즉, 인간은 심적 불안으로부터 자신을 보호하기 위해 무의식적으로 보호막이 되어줄 방어기제를 형성하게 된다. 조지 베일런트 교수는 이것을 사람마다 고유하게 가지고 있는 '생활양식'으로 정의하기도 했다. 그래서 방어기제는 무조건 '나쁘다'로 구분할 수는 없다. 각각의 방어기제를 상황과 사람에 따라 적절하게 사용하는 것이 중요한 것이다.

우리의 자아는 이러한 과정을 통해 마음의 갈등과 충돌이 부분적으로 해소되기도 하고, 평정을 회복하기도 한다. 또한 본능적 욕구와 도덕적 사고의 요구를 조정하는 과정에서 서로 조금씩 양보하여 타협을 이룬 절충안이 형성되어 언행으로 표출된다. 이렇듯 한 사람이 보편적으로 나타내는 행동의 양식은 바로 그 사람의 주된 성격의 특징이 되기도 한다.

행복한 자아를 갖기 위해서는 내가 가진 행동양식을 변화시켜야 하는데, 이를 위해서는 우선 내가 어떤 방어기제를 사용하고 있는지 알고 있다면 도움이 될 것이다.

★ 발견하기

나는
왜 그랬을까?

방어기제의 종류에 대해서는 학자마다 다른 견해를 보인다. 대표적으로 정신 분석학자 안나 프로이트Anna Freud는 1936년 《자아와 방어기제》를 통해 10가지의 방어기제에 대해 기술했고, 미국의 정신과 전문의 조지 베일런트는 18개의 방어기제에 대해 설명했다. 그리고 또 하나 중요한 것은 모든 방어가 병리 현상만은 아니라는 것이다. 미성숙한 방어는 자아의 기능이 약해졌을 때 부정적으로 작동하는 데 반해, 성숙되고 건강한 방어는 정상적인 사람들이 흔히 사용하는 일반적인 것이기도 하다.

다시 말하지만 방어란 인간이 어떻게든 평상심을 유지하려 애써 노력하는 과정에서 작동되는 자기 보호막과도 같은 것이다. 보다 효과적인 감성액티브코칭을 위해서는 자신의 주된 행동양식을 알아보는 과정이 필요하다.

심리학자들의 여러 연구에서 공통적으로 언급되었던 대표적인 방어기제 몇 가지를 설명하고자 한다. 나는 어떤 방어기제를 가지고 있는지, 그것이 건강한 행동양식인지를 구분해 보고 각각의 특징을 잘 기억하고 있으면 이후의 코칭에 도움이 될 것이다.

1. 억압 Repression : 불안에 대한 1차적 방어기제이다. 가장 흔히 사용하는 방어기제로 견디기 힘든 감정이나 생각을 무의식 속으로 억눌러버리는 것을 말한다. 위에서 든 예로 설명하자면 상사에게 대들고 싶은 감정을 무의식 속으로 억눌러 버리는 것이다.

어린 시절 부모로부터 겪은 학대나 결혼 후 배우자로부터 당한 폭행과 같은 충격적인 경험들은 고통스러운 불안과 두려움을 일으키는 요인이므로 특히 억압하여 묶어두는 경우가 많다. 당장은 극복한 것처럼 괜찮아 보일 수 있으나 이것은 마치 물이 가득 찬 물컵처럼 언제 넘쳐흐르게 될지 모르는 불안한 상태라 할 수 있다.

2. 취소 Undoing : 나의 적대적 욕구로 인해서 상대방에게 피해를 주었다고 느낄 때 사람은 죄책감과 수치심을 느끼게 된다. 이러한 감정을 감소시키기 위해 상대에게 준 피해를 취소하고 원상복귀하려는 일종의 속죄행동을 말한다. 다른 일로 화가 나 있는 상태

★ 발견하기

에서 아이에게 괜히 화풀이를 했다가 미안한 마음에 다시 아이를 안아주거나, 아내를 폭행한 남편이 다음날 꽃을 사다주는 것도 취소의 방어기제다.

3. 반동형성 Reaction Formation : 겉으로 나타나는 언행이 마음속 욕구와는 반대되는 것을 말한다. 즉, 사회적으로 수용될 수 없는 부도덕적인 생각, 소원, 충동을 억제하기 위해 그와 반대되는 사고와 행동을 하는 것이다. 미운 상사에게 대드는 대신 오히려 아부를 하거나 지나치게 예의를 갖춰 대하는 경우를 예로 들 수 있다.

우리는 상대방의 인신공격이나 모욕감을 주는 행동에도 고객이라는 이유로 '네~맞습니다. 고객님'하며 활짝 웃어야 한다. 이런 경우를 감정노동이라 말하는데, 감정노동 또한 반동형성의 범위에 포함된다고 할 수 있다. 어떤 부분에서는 그렇게 함으로써 마음이 편안해짐을 느낄 수도 있다. 실제 약간의 감정노동은 인간관계를 촉진시키는 윤활유 역할을 하는 것은 분명하다. 하지만 과할 경우 심하게는 자존감을 훼손할 수도 있다.

4. 동일화 Identification : 동일화, 혹은 동일시라고 한다. 두려움을 불러일으키는 대상(부모, 상사, 윗사람)의 태도와 행동을 닮아감으로써 두려움을 극복하려는 것을 말한다. 군대에서 권위적인 선임병과 대립하던 후임병이 그를 이길 수 없다는 것을 깨달은 후 오히려

그를 닮아가는 경우를 예로 들 수 있다.

특히 동일화는 한 사람의 자아와 도덕적 사고의 형성에 가장 큰 역할을 하며, 성격발달에 중요한 영향을 미친다. 우리는 동일화를 통해 부모의 성격을 닮게 되기도 한다. 모든 부모에게는 인격적인 결함이 있기 때문에 '어떤 부모를 닮느냐'에 따라 성격의 구조가 달라진다. 이렇듯 동일화는 힘이 있는 대상자와 대립하면서 내적인 불안과 두려움을 만들기보다는 그를 닮아감으로써 두려움에서 벗어나고 스스로 자존감을 회복하기 위한 방어기제이다.

5. 부정 Denial : 부정은 가장 원초적인 방어기제 중의 하나이다. 고통스럽거나 받아들이기 힘든 어떤 생각, 욕구, 충동, 현실적 존재를 인정하지 않고 부정하는 것을 말한다. 사랑하는 사람이 죽었다는 사실을 받아들이지 못하고 마치 그 사람이 살아있는 것처럼 행동하거나 암으로 죽어가면서도 의사의 오진이라고 주장하는 환자의 경우가 이런 경우이다.

부정은 무의식적으로 작용하기 때문에 진실을 스스로 인지하지 못한다는 점에서 거짓말과는 다르다. 사실인지 만들어진 인식(생각)인지를 구분하는 생각 훈련을 통해 현실을 수용할 수 있도록 해야 한다.

6. 전치 Displacement : 자기보다 강한 대상에게 품었던 불쾌한 감

★ 발견하기

정을 덜 위협적인 다른 대상에게 돌리는 것을 전치라고 한다. 자신의 도덕적 타락으로 비의식적 죄책감에 휩싸인 사람이 더러워지는 것을 두려워한 나머지 강박적으로 손을 씻음으로써 도덕적인 청결을 회복하려는 노력이 이에 속한다. 속담으로 표현하자면 '종로에서 뺨 맞고 한강에서 화풀이 한다' 정도로 표현할 수 있다.

언니를 미워하는 동생이 언니의 옷을 찢어버리는 것이나, 특정 지역 출신의 정치인을 싫어하는 남편이 그 지역 출신의 아내에게 화를 내는 경우를 예로 들 수 있다. 자신보다는 타인에게 상처를 강하게 주며, 대인관계에서 고립될 수도 있다는 점에서 주의해야 한다.

7. 대체형성 Substitution : 원하는 것을 갖지 못하게 되면서 생기는 좌절감을 줄이기 위해 원래의 것과 비슷한 것을 취해 불안감을 줄이고 만족을 얻는 것을 말한다. 속담으로 표현하자면 '꿩 대신 닭'으로 표현할 수 있다. 실연 당한 남자가 헤어진 여자 친구와 비슷한 외모를 가진 여성과 사귀는 것을 예로 들 수 있다.

대체형성과 전치는 서로·비슷하지만 대체형성은 대체물이 되는 '대상'에 중점을 두어 말하고, 전치는 '감정'에 중점을 둔다는 차이가 있다. 대체물에게 큰 위협을 가하거나 피해를 주는 경우가 아니라면 적정하게 사용하는 것도 나쁘지 않은 방법이다. 그러나 목표의식이 낮은 사람의 주된 행동양식으로 작용될 경우 쉽게 포기하거나 자신에게 지나치게 관대해질 수 있다는 점에서 건강한 방어라 할 수는 없을 것이다.

8. 투사 Projection : 자신이 품고 있는 용납하기 힘든 충동이나 욕구를 다른 사람의 것이라고 떠넘겨 버리는 방어기제이다. 자신의 실패의 원인을 '남의 탓'으로 돌리거나, 바람피우고 싶은 욕구가 강한 남편이 아내가 외도 했을 것이라고 의심하는 경우가 이에 속한다. 자신 스스로 비윤리적 욕구를 가지고 있다는 것을 수용하는 것이 힘듦으로 타인이 그러한 것으로 생각해서 마음의 짐을 덜어내는 것이다. 가장 미숙하고 병적인 방어기제이며, 심할 경우 망상이나 환각을 일으키는 기제이다.

9. 자기에게로의 전향 Turning against self : 공격적인 충동이 다른 사람이 아닌 자기에게로 향하는 것을 말한다. 예를 들어, 부부 싸움을 하던 남편이 화가 나서 주먹으로 벽을 세게 치는 것과 같은 것으로, 남에게 향해 있던 분노가 자신을 향하게 됨으로써 자기공격이 생기는 것인데 이는 우울증을 불러일으키기도 한다. 감성액티브코칭의 성공 여부를 결정짓는 자존감과 밀접하게 연결된 방어기제이기 때문에 자기수용과 공감의 코칭을 권한다.

10. 합리화 Rationalization : 인식하지 못하는 동기에서 나온 행동

에 그럴 듯한 이유를 붙여 그것을 정당화하는 것을 말하며, 보편적으로 많은 사람들이 사용하는 방어기제이다. 《이솝우화》 중 포도를 따기 위해 열심히 노력했지만 결국 실패한 여우가 '어차피 저 포도는 시어서 맛이 없을 거야'라고 생각하며 스스로를 위로하는 '여우와 신포도' 이야기는 합리화의 좋은 예이다.

이러한 합리화는 자기보호와 체면유지를 위한 아주 흔한 방어기제지만 무의식적으로 일어난다는 점에서 의식적으로 하는 변명이나 거짓말과는 다르다. 깊은 좌절과 실패를 경험했을 때 적절하게 사용한다면 심한 우울증으로 빠져드는 것을 막을 수 있을 것이다.

11. 보상 Compensation : 실제적인 노력이든 상상으로 하는 노력이든 간에 자신의 성격, 지능, 외모 등과 같은 심리적 약점을 메우기 위해 다른 어떤 것을 과도하게 발전시키는 것을 말한다. '작은 고추가 맵다'라는 속담으로 표현할 수 있다. 키 작은 사람이 목소리를 크게 하거나, 가난으로 놀림을 받았던 사람이 값비싼 명품을 사들이고 치장하는 경우이다. 멸시받던 작은 섬 코르시카에서 태어난 키 작은 나폴레옹이 세계정복의 야심을 품었던 것도 한 예로 들 수 있다. 적절하게 사용한다면 결핍에서 왔던 상처를 치유하고, 열등감으로 손상되었던 자존감을 회복하는 데도 도움이 될 수 있을 것이다.

무엇이든 하나를 놓고 전부라 생각하지 마라.
그것이 무엇이든 사랑, 이별, 혹은 진리일지라도
그것을 전부라 생각하면
반드시 마음에 상처를 받는다.

- 허허당(《바람에게 물으니 네 멋대로 가라 한다》 중)

★ 발견하기

12. 신체화 Somatization : 심리적인 갈등이 의식적으로 표출되지 않고 신체 증상을 통해 표현되는 것을 말한다. 속담으로는 '사촌이 땅을 사면 배가 아프다'와 같은 경우이다. 시험을 앞두고 복통을 호소하거나 극심한 스트레스 상황에서 두통을 호소하는 것도 신체화 증상의 예라고 할 수 있으며, 우울과 분노를 억눌러서 발생하는 '화병'도 신체화 증상과 관련된 것이라 할 수 있다. 극복을 위해서 평소 자기관리 능력을 키울 필요가 있다.

13. 이타주의 Altruism : 자신이 직접 본능적인 욕구를 충족하는 것 대신에 타인이 그 욕구를 충족하도록 헌신적으로 도우면서 대리만족을 얻는 것을 말한다. 가족을 위해 자신의 모든 것을 희생하며 헌신하는 어머니가 좋은 예라고 할 수 있다.

14. 유머 Humor : 심리적인 긴장이나 불안을 농담이나 유머를 통해 방어하는 것을 말한다. 빅터 프랭클Viktor Frankl의 《죽음의 수용소에서》를 보면 강제수용소에서도 농담을 던지며 죽음의 공포를 극복하는 유태인들의 모습이 담겨 있다. 이것을 토대로 만들어진 영화 〈인생은 아름다워〉의 한 장면을 떠올리면 이해가 쉬울 것이다. 독일군에게 끌려가는 아버지는 자신의 모습에 어린 아들이 충격을 받을까봐 우스꽝스러운 포즈로 마치 병정놀이를 하듯이 아이에게 웃음을 선물한다. 이것이 바로 절망적이며 불안한 현실을

잊기 위한 성숙한 방어라 할 수 있다.

15. 승화 Sublimation : 본능적 욕구나 참아내기 어려운 충동을 사회적으로 용인되는 형태로 돌려쓰는 방법으로 욕구를 차단하거나 억누르는 것이 아니라 바람직한 방향으로 배출한다는 점에서 가장 건강한 방어기제로 분류된다. 공격적인 사람이 스포츠를 통해 공격성을 해소한다거나 성적 충동을 예술을 통해 승화하는 경우를 예로 들 수 있다. 마치 홍수를 막기 위해 댐을 만들어 수력발전으로 이용하는 것과 같다.

이밖에도 회피, 금욕주의, 분리, 해리, 저항, 차단, 격리, 지식화, 상징화, 상환, 억제 등 다양한 방어기제가 존재한다. 앞 사례의 K 과장에게서 드러난 방어기제는 자기보다 강한 대상에게 품었던 불쾌한 감정을 덜 위협적인 다른 대상에게 돌리는 '전치'라 할 수 있다. 이러한 방어기제는 거의 모든 사람들이 일상에서 무의식적으로 사용하고 있다. 방어기제의 주된 역할은 죄책감이나 불안으로부터 벗어나 심리적인 안정감을 유지하는 것이다.

이러한 방어기제 중에는 특히나 정신질환을 유발하기 쉬운 미성숙한 방어기제가 있는가 하면, 심리적인 안정감을 유지하고 인격적 성숙을 돕는 성숙한 방어기제도 있다. 억압, 취소, 반동형성, 동일화, 부정, 전치, 대체형성, 투사, 자기에게로의 전향, 합리화,

보상, 신체화, 퇴행 등의 경우 미성숙한 방어기제로 분류되며, 이타주의, 유머, 승화 등의 경우 성숙한 방어기제로 분류된다. 미성숙한 방어기제는 자아의 기능이 약하고 자존감 낮은 경우 작동하는 데 반해, 성숙한 방어기제는 정상적이고 정신적으로 건강한 사람들이 흔히 사용하는 방어기제이다. 하지만 미성숙한 방어기제도 더러는 나를 보호하는 역할을 할 수도 있으니 상황에 따라 적절히 사용하는 것이 가장 중요하다.

나는 과연 평상시 어떤 방어기제를 주로 사용하고 있을까? 내가 사용하는 방어기제를 알고 있다면 이제부터는 그것을 성숙한 방법으로 변화시킬 준비를 해야 한다.

K의 유머 방어기제
따라 하기

한 사람의 성숙한 행동양식이란 본능의 욕구와 도덕적 기준, 규칙 중 어느 한쪽으로 치우침이 없도록 자아의 균형을 유지하는 것이다. 다음은 한 제약회사에서 PM으로 근무 중인 K의 이야기다.

K는 업무상 대학병원의 유명한 A교수를 만나야 하는데 바쁜 세미나 일정들로 미팅을 잡지 못했다. 어느 날 사전 약속 없이 K는 A교수를 주차장에서 무작정 기다리기 시작했고, 시간은 어느새 밤이 되었다. 비까지 내리는 상황에 K는 주차장에서 무료한 시간을 달래기 위해 A교수의 자동차 와이퍼를 교체해주기로 마음먹었다.

빗속에서 열심히 와이퍼를 교체하고 있는데 A교수가 나타났다. 자신이 없는 사이 자신의 차에 작업을 하고 있는 것을 언짢아하는 A교수의 태도에 K도 잠시 당황하긴 했지만 애써 태연한 척 웃으

★ 발견하기

며, "헤헤, 제가 교수님 와이프는 바꿔드릴 수 없으니, 와이퍼라도 바꿔드리려고 교체 작업 좀 하고 있었습니다"라고 했다. K의 어이없는 대답에 A교수도 실소를 터뜨리고 말았다.

K가 사용한 방법은 다소 무모할 수도 있으나 결과적으로 좋은 효과를 가져왔다. 여기에서 K는 '유머'의 성숙한 방어기제를 통해 상황을 역전시킨 것이다. 그 짧은 시간에 K는 어떻게 그런 유머를 생각해낼 수 있었을까? 그것은 경험이다. 평소 유머를 즐겼고, A교수의 성격 또한 화통하며 사람과의 관계를 우선시 하는 사교적인 사람이라는 것을 알았기 때문이었다.

불안한 마음을 달래기 위한 자신의 행동양식은 습관이 되어 자연스럽게 일상에서 나타난다. 때로는 긍정적인 결과를 만들기도 하고, 때로는 상처로 얼룩진 시간이 되어버리기도 한다. 그 선택의 결과에 대해 반성하고 바로 잡고 싶다고 느끼는 순간이 바로 우리에게 감성코칭이 필요한 시기이며 기회일 것이다.

우리 부부는 맞벌이다. 유치원에 다니는 아이를 돌봐주기 위해 어머니가 함께 생활하고 계신다. 워낙 활발하고 사람들과 어울리는 것을 좋아하는 어머니는 거처를 옮겨 타지에서 홀로 생활하는 것에 크게 망설였었다. 그러다 보니 가끔은 후회하는 날이 많았고, 그럴 때마다 우리 부부는 기분전환을 명분으로 어머니께 선물이나 용돈을 드리기 시작했다.

하루는 주말에 친구 부부와 아이들을 데리고 가까운 곳에 1박2일 여행을 간 적이 있다. 어머니도 혼자서 편히 있겠다며 여행지에서 먹을 음식들을 챙겨줄 정도로 그날 어머니의 컨디션은 꽤나 좋아 보였다. 그러나 돌아가는 날, 고속도로가 너무 막혀 늦어질 것 같다는 이야기를 드리기 위해 어머니에게 전화를 했는데 갑자기 화를 내기 시작했다.

"한번 나가면 들어올 생각을 안 하는구나. 내가 집지키는 사람도 아니고 혼자만 놔두고 너무 하는 거 아니니?"라고 하시더니 전화를 일방적으로 끊어버리셨다. 난 너무 당황스러워 다시 전화를 걸었지만 받지 않으셨다. 이런 식의 일방적인 반응은 당할 때마다 적응 안 되고 속상하기만 하다. 솔직히 할머니로서 육아를 맡아주는 것에 대해 과도하게 많은 것을 요구하는 것만 같아 씁쓸하기도 했다. 결국 아이와 놀아줄 시간이 부족해 주말을 맞아 오랜만에 함께한 외출의 즐거웠던 기분은 순식간에 무너져 버렸다. 어머니의 말이 속상하고 섭섭했지만 이런 기분을 표현할 수는 없었다.

그날 저녁 어머니는 끝내 방에서 나오지 않으셨고, 나는 다음날 아침 편지 봉투 하나를 식탁에 올려 놓고 출근길에 나섰다.

"어머니 많이 힘드셨을 텐데 저희끼리 여행 다녀와서 죄송합니다. 필요한 거 있으면 이제부터 카드로 편하게 사시고, 맛있는 것도 꼭 사드세요."

그렇게 신용카드를 드리게 되었고, 그 뒤 어머니는 정말이지 너

★ 발견하기

무도 편하게 카드를 사용하고 계신다.

오늘도 퇴근 후 집에 들어가니 어머니가 말을 거신다.

"오늘 스포츠센터 아줌마들에게 내가 점심 샀다."

"네~ 잘 하셨어요. 좋은 곳에 가셔서 맛있는 거 사 드시지 그러셨어요?"

위 사례에서 며느리가 사용한 방어기제는 무엇인지 읽혀지는가? 바로 '취소'의 방어기제이다.

이렇듯 방어기제는 나도 모르는 사이 무의식적으로 나타나는 행동양식이지만 사실은 경험을 토대로 얼마든지 새롭게 바꿀 수도 있는 것이다. 우리가 처음 운전을 배울 때를 떠올려 보자. 마치 스포츠 중계를 하듯 '여기서 좌회전 깜빡이 넣기, 비상등 켜고, 후진으로 바꾸고…' 운전석에 앉아서 하는 모든 행동을 순서에 맞춰 마음속으로 중얼거리고 입 밖으로 내뱉기도 한다. 하지만 어느 정도 운전에 익숙해지면 굳이 말로 중계를 하지 않더라도 몸이 알아서 반응하게 된다. 심지어는 운전을 하며 전화 통화를 하거나 오늘 해야 할 일을 머릿속으로 그려보는 것도 가능해진다. 바로 경험에 의해 습관이 만들어지고 그 습관은 무의식과 행동을 연결해 주기 때문이다.

그렇다면 자신의 미성숙한 방어기제도 이러한 훈련을 통해 성숙한 방어기제로 변화시킬 수 있지 않을까? 자기의 습관화된 방어기제가 '억압'이라면 무의식이 눌러버리기 전에 2단계만 반복, 훈련해 보도록 하자.

> 1단계: 불편한 감정이 자신에게 생성되고 있음을 인정한다.
> 2단계: 감정의 원인이 된 욕구가 무엇인지부터 찾아내도록 한다.

예를 들어, 어느 날 저녁 동창 모임을 다녀온 아내가 남편을 향해 "내 친구들은 남편 잘 만나서 비싼 가방에 큰 집에서 사모님 소리 듣고 사는데 나는 이게 뭐야. 말을 말아야지"라며 한숨을 쉰다. 아내의 말에 남편은 당연히 섭섭함을 느낄 것이다. 이런 불평이 길어질 경우 "그 남자는 여자 잘 만나서 처갓집 덕 좀 봤나보네. 너는 나한테 그런 말 할 자격이 있다고 생각하냐? 집에서 노는 주제에"라고 말하는 것은 남의 탓으로 돌리는 '투사'의 방어기제이다.

> "친구들에 비해 당신이 초라하게 느껴져서 많이 속상했겠네."
> "그런 불편한 감정으로 시간을 보냈으니 당신 너무 피곤하다겠다."
> "난 당신이 즐겁게 있다 오길 바랐는데 그러질 못하고 내가 원망스러웠다니 나도 당황스럽고 속상하다."

자신의 본능적 욕구가 무엇인지부터 알아차려야 한다. 그리고 그 본능의 욕구가 현실의 행동으로 드러나지 못하도록 억누를 것이 아니라 원인과 동기를 충족시킬 수 있는 바람직한 방법을 찾아 반복적으로 실천해 보는 것이다.

● **나를 발견하는 물음표 3** ●

Q1: 문제에 직면했을 때 내가 주로 사용하는 행동양식(방어기제)은 무엇입니까?

Q2: 나의 방어 기제를 건강하게 바꾸기 위해 내가 습관화해야 하는 것은 무엇입니까?

무엇이 나를
울고 웃게 하는가

    어느 날 유치원에서 돌아온 여섯 살 하윤이가 엄마를 보자마자 큰소리로 울기 시작했다. 유치원에서 친하게 지내는 친구에게 작은 보석을 선물 받았는데 선물을 주고받는 모습을 보지 못한 두 명의 친구가 하윤이를 의심해 가방을 뒤졌다는 것이다. 나는 너무 놀라 아이에게 마음이 괜찮은지를 물었다. 처음에는 많이 울었지만 씩씩하게 눈물을 그치고 선생님께 상황을 말했다고 한다. 그런데 이것을 지켜보던 친구 중 한 명이 자신을 곁눈질로 흘겨보았는데, 그래서 다시 눈물이 나더라는 것이다.

    나는 씩씩하게 잘 대처한 아이를 우선 꼭 껴안아주며, "그래 하윤이 너무 놀라고 속상했을 텐데 잘 참고 선생님께 이야기했구나, 정말 대견하다"라며 격려를 한 후 다시 한 번 정말 괜찮은지를 조심스럽게 물어보았다. 하윤이는 선생님이 친구 가방을 함부로 뒤

★ 발견하기

©이은영

버리고 비울수록
현재 내가 가지고 있는 것이 더 소중해지는 법이다.
완벽한 사람은 정이 안 간다.
풍경도 빈틈이 있어야 아름다워 보인다.
비울수록 행복해진다.
less is more.

지면 안 된다며 그 두 명을 꾸중해주어 기분이 괜찮아졌다고 했다. 그러면서 평소보다 과장된 몸짓으로 방안을 뛰어다녔다. 얼핏 보면 문제가 잘 해결된 것처럼 보인다. 하지만 나는 아이가 무의식적으로 '억압'의 방어기제를 쓰고 있는 것은 아닌지 조금 더 생각해 보기로 했다.

하윤이가 보여준 말과 행동을 잘 이해해보면 아이는 친구들이 자신의 가방을 함부로 만진 것보다 자신이 의심받고 있다는 것에 더 큰 의미와 동기를 부여하고 있다. 나는 선생님과 이 사건에 대해 상의하여, 사실로 확인되지 않았는데 친구를 의심하는 말과 행동은 좋지 않다고 두 친구에게 설명한 후 하윤이가 사과를 받는 것이 좋겠다는 결론을 내렸다. 며칠 후 유치원에서 두 친구에게 사과를 받고 온 아이는 한결 평온해진 표정과 음성으로 그 상황들을 이야기해 주며 "기분이 엄청 많이 좋아졌어"라고 말했다.

성숙한 감성을 위한 감성액티브코칭에서 중요하게 다루는 부분은 무의식적으로 사용되는 미성숙한 행동양식을 변화시키기 위해 내가 사용하는 현재 방어기제의 원인이 되는 동기 즉, 욕구를 찾아내는 것이다. 그리고 그것을 충족시키는 다양한 방법들을 실천하는 것으로써 마음속 불안을 해소시켜 가는 것이다. 우리가 사용하는 모든 행동양식에는 의미와 동기가 있기 때문이다.

동기motivation란 행동의 원인, 다시 말해서 인격의 내부에서 인

★ 발견하기

격 밖의 행동(방어기제)을 자극하는 모든 것을 가리킨다. 즉, 인간의 마음속에서 일어나는 욕구Needs와 관련이 있다.

나를 안다는 것은 나의 감정과 행동의 원인이 되는 동기 즉, 욕구를 안다는 것이다. 행동은 결과적인 것이고, 겉으로 표출되는 가시적인 것인 반면에 욕구는 눈에 보이지 않는 내적인 것이다. 그러므로 욕구는 행동보다 원초적이며 근본적이다. 이렇듯 행동의 동기가 되어주는 욕구가 무엇인지를 살펴보는 자기인식 방법을 자기분석self-analysis이라 한다.

성숙한 감성을 위한 감성액티브코칭에서
중요하게 다루는 부분은
무의식적으로 사용되는 미성숙한 행동양식을 변화시키기 위해
내가 사용하는 현재 방어기제의 원인이 되는 동기
즉, 욕구를 찾아내는 것이다.
그리고 그것을 충족시키는 다양한 방법들을 실천하는 것으로써
마음속 불안을 해소시켜 가는 것이다.
우리가 사용하는 모든 행동양식에는
의미와 동기가 있기 때문이다.

나이에 맞는
욕구를 가졌는가

　개인의 최상위 욕구는 현재의 나에서 조금 더 발전적인 나로 변화될 수 있도록 스스로의 사고와 행동을 선택하는 데 가장 좋은 동기부여가 되어준다. 자기결정성이론self-determination theory의 창시자인 미국 로체스터대 심리학과 교수 에드워드 데시Edward L. Deci는 나무블록을 이용한 실험을 통해 외부에서 주어지는 보상보다 스스로의 의욕이 훨씬 더 큰 성과를 가져온다고 했다.

　1969년 나무블록퍼즐을 이용한 이 실험은 심리학계에 신선한 충격을 주었다. 아무런 보상 없이 스스로가 원해서 퍼즐을 맞추는 사람은 쉬는 시간이 되어도 계속 퍼즐을 풀었지만, 보상을 받기로 한 사람은 그 대가를 지불 받자 퍼즐 맞추기를 그만두었다. 그리고 이후에도 보상이 주어지지 않으면 퍼즐을 풀려고 하지 않았다는 것이다. 왜 이런 행동의 결과가 나왔을까? 바로 그들이 가지고 있는 욕구가 답이 될 것이다.

나는 얼마 전 감정관리를 주제로 방송(EBS, 포커스) 촬영을 하게 되었다. 여러 가지 교육 도구들을 준비해야 하는데 같은 팀 강사들의 도움이 필요해 늦은 시간에 도와줄 수 있는지를 묻자 강사들은 흔쾌히 승낙해 주었다. 나는 연속되는 강의로 무척이나 피로한 상태여서 졸음이 쏟아지기 시작했지만 원하는 결과물이 나오기 전까지 잠을 자는 것에 스스로 타협하지 않았다. 내가 피곤함을 뒤로하고 몰입할 수 있었던 원인은 바로 욕구에 있었다. 수면이라는 본능의 욕구보다 인정과 자기실현이라는 상위 욕구가 더 컸기 때문이다. 도와준 강사들도 나와 마찬가지로 소속감에 대한 욕구, 그리고 그보다 상위 개념인 자기가치와 자기효능감과 같은 자존감이나 자기실현의 욕구가 존재했을 것이다.

이렇듯 욕구는 행동의 동기를 결정짓는 중요한 원인이 되며, 같은 상황에서 여러 종류의 욕구가 한꺼번에 발생할 수도 있다. 사람은 여러 가지 욕구를 동시에 가지고 있을 수도 있지만 사람마다 하위 욕구에 더 민감한 사람이 있고, 상위 욕구에 더 동기부여가 되는 사람이 있는 것이 사실이다. 보통 연령이 낮을수록 하위 욕구에 머무르고, 성장하면서 욕구 또한 상위로 이동한다. 물론 나이의 성숙함에 비해 욕구의 수준이 하위단계에 여전히 머물러 있는 사람도 있다.

욕구의 단계는 우리에게 욕구위계설로 잘 알려진 미국의 심리
학자 매슬로우A.H Maslow의 이론을 바탕으로 기본적 욕구(결핍 욕구)
와 성장 욕구로 나눠 다섯 가지로 세분화했다.

1. 생리적 욕구 – 식욕, 성욕, 수면욕 등
2. 안전의 욕구 – 개체 생존의 안전 보장감
3. 소속감과 사랑에 대한 욕구 – 사회 귀속 욕구, 유대감, 친밀감에 대
   한 욕구
4. 인정의 욕구 – 명예욕 등 타인의 인정과 칭찬을 받으려는 자존감
   에 대한 욕구
5. 자기실현의 욕구 – 자기 개발과 목표 성취에 대한 성장 욕구

생물학적 욕구
식욕, 성욕, 수면, 휴식, 안정, 스킨십, 신체의 자유
안전의 욕구
돌봄, 보호, 청결함, 정돈, 자유, 평온함, 평화로움, 경제적 여유
사회적 욕구
친밀감, 유대감, 소속감, 애정, 사랑, 겸손, 헌신, 희생, 충성, 책임감, 배려, 협동, 협력, 예의지키기, 겸손함, 봉사, 나눔, 기여
자존감의 욕구
격려, 위로, 칭찬, 인정, 명예, 자율성, 존중, 이해, 자기확신, 자기효능감, 예측가능성, 공평함, 정직, 정의로움, 유머
자기실현의 욕구
꿈, 이상실현, 목적의식, 창의성, 희망, 신념, 전문성, 교육, 배움, 도전, 열정, 성장, 성취, 끈기, 인내

★ 발견하기

매슬로우는 1, 2, 3, 4의 욕구는 기본적 욕구로서 저차원에서부터 단계적으로 있는 욕구이며 결핍이 채워지면 강한 만족을 누릴 수 있는 반면, 너무 지나치면 반드시 마이너스로 작용한다고 주장했다. 예를 들면, 식욕은 충족되지 않으면 배고픔을 채우려는 욕구가 강하게 나타나지만 일단 배가 부르면 음식을 쳐다보기 싫어지고, 또 그것에 너무 강하게 집착하면 비만이나 성인병을 유발하는 등의 부작용이 따른다는 것이다. 이보다 상위 단계인 사랑이나 인정의 욕구 또한 너무 강하게 집착할 경우 사회적 명성이나 자기 이익을 위해 명리를 취하다가 패가망신하는 경우로 나타나기도 한다.

매슬로우는 오로지 마지막 단계인 자기실현의 욕구만이 한계점이 없다고 했으며, 인간이 갖는 가장 최상위의 욕구로 자기 개발과 목표 성취를 위해 끝없이 노력하는 자세라고 정의했다. 또한 매슬로우는 자기실현이라는 개념을 보다 명확히 정의하기 위해 자기실현에 성공한 사람들을 연구했는데 그가 선정한 역사적 인물 중에는 에이브러햄 링컨, 토머스 제퍼슨, 마하트마 간디, 앨버트 아인슈타인, 엘레너 루즈벨트, 베네딕트 스피노자 같은 이들이 포함되었다. 매슬로우는 자기실현에 성공한 사람들이 일반적으로 가지고 있는 특징을 다음과 같이 제시하였다.

1. 현실을 정확하게 지각하고, 불확실한 것을 감당할 수 있다.

2. 자신을 수용하고 타인의 능력을 인정한다.

3. 사고와 행동이 자발적이다.

4. 수단과 목적을 차별하지 않으며, 과정이 결과보다 더 중요하다는 자세를 갖는다.

5. 공격적이지 않은 유머를 즐긴다.

6. 창의적이다.

7. 의도적으로 혁신하지 않으나 사회적 압력에 굴하지 않는다.

8. 사회적 관심, 동정심, 인간미를 지니고 있으며, 인류 복지에 관심이 있다.

9. 최대한 많은 것을 경험하려 노력한다.

10. 많은 사람보다는 몇 사람과 깊고 만족스러운 대인 관계를 형성한다.

나의 생활태도와 몇 개 정도 일치하는지 체크해 보자.

★ 발견하기

욕구는 행동을
이끈다

욕구가 명확한 사람일수록 강한 행동의 동기가 되며, 이것은 다시 본능적 욕구와 도덕적 사고의 균형적 발전으로 연결되기도 한다. 우리에게 마시멜로 실험으로 잘 알려진 스텐퍼드대학 월터 미셸Walter Mischel 박사의 연구는 인간이 더 큰 성취를 위해 앞에 놓은 작은 유혹을 이겨내는 능력에 대해 조명한 것이다.

1966년 만 4세 아이들 653명을 대상으로 '마시멜로 실험'을 진행했다. 아이들에게 마시멜로를 나눠주며 지금 먹어도 되지만 먹지 않고 15분을 기다리면 1개를 더 주겠다고 했다. 결과는 참여한 아이들 중 약 30%가 먹지 않고 유혹을 견뎌냈다. 그리고 15년이 지난 1981년 그들을 추적 관찰한 결과 두 집단은 대조적인 모습을

©정대현

★ 발견하기

보였다. 15분을 참았던 아이들은 학업능력이 뛰어나고 스트레스를 잘 견디고 있었다. 그들은 사회성이 뛰어나다는 교사의 평가를 받고 있었으며, 유혹을 견디지 못하고 마시멜로를 먹어버렸던 아이들에 비해 SAT 평균점수가 210점이 높았다. 반면에 충동을 억제하지 못했던 아이들은 쉽게 짜증내고 사소한 일로 싸움에 말려드는 경우가 많았다고 한다. 4세 아이들의 관점으로 본다면 15분을 먹지 않고 버티는 것은 자기실현에 가까운 상위 욕구이고, 보이는 대로 참지 못하고 먹어버린 것은 결핍을 채우고픈 기본 욕구에 해당할 것이다.

인간은 이렇듯 매순간 다양한 욕구 중에서 우선순위를 정하는 것에 강한 갈등에 빠진다. 이때 무엇이 행복한 인생을 위한 가치 있는 욕구인지, 자기실현에 성공한 사람들의 특징을 기억하는 것도 좋은 방법이 될 것이다. 그리고 한 가지 기억해야 할 것은 기본 욕구가 결핍되지 않고 적당히 충족될 때 상위 욕구인 자기실현의 동기가 발휘될 수 있다는 점이다. 평상시 안정과 휴식, 영양보충, 운동 등을 통해 생물학적 욕구를 충족하고 주변 사람들과 진솔한 소통을 통해 사랑과 사회적 욕구에서부터 자존감의 욕구도 함께 쌓아 두어야 할 것이다. 그렇게 결핍되지 않은 기본 욕구가 밑거름이 되어 줄 때 우리는 자기실현을 위해 실수에 좌절하지 않고 끝없이 노력할 수 있는 성숙한 자세를 취할 수 있다는 점을 명심해야 한다.

처음 강의를 시작하고 얼마 되지 않았을 때의 일이다. 기상청의 컨텍센터 신입사원 교육이 있었던 날이다. 4시간의 교육을 마친 후 적극적으로 잘 참여해 준 교육생들 덕분에 나 또한 뿌듯한 성취감을 느낄 수 있었다. 그런데 문제는 이 강의 후기를 블로그에 포스팅하면서부터 시작되었다. 당시는 기상청의 기상예보에 대해 불만들이 많을 때였다. 네티즌 사이에서는 기상청을 구라청(거짓보도라는 뜻)이라고 폄하하는 별칭까지 만들어내기도 했다. 초보 강사였던 나는 큰 고민 없이 후기를 쓰는 과정에서 '신입사원들의 적극적인 자세를 보니 구라청이라는 오명을 벗을 수 있을 것 같다'라며 글을 마무리 했었다. 그런데 블로그에 글을 올리고 얼마 지나지 않아 기상청의 담당자로부터 연락이 왔다. 교육에 참여했던 강사의 블로그에서 '구라청'이라는 글이 발견된 것은 유감이라며 당장 글을 내려줄 것을 요청해왔다. 그날 나는 참 많이 울었다. 문맥 전체를 보면 폄하의 글이 아니라 긍정의 글이었는데 그 의미를 알아주지 않은 부분에 억울함이 컸다. 그러면서도 아무런 대꾸도 하지 못하고 죄송하다며 글을 곧 바로 삭제했도 혹시 이 사건으로 나의 강의력까지 함께 저평가 받게 되는 것은 아닌지 오래도록 속을 끓였던 기억이 있다.

만약 그 당시 나의 감정과 욕구를 정확히 파악했다면 그 사건에 대처하는 나의 행동은 어떻게 달랐을까를 그 후로도 몇 번이나 생각하게 되었다. 나의 감정은 억울함으로 확대되기 전엔 당황스러움과 그저 진심을 알아주지 못하는 것에 대한 서운함이었다. 그리고 전문성, 숙련자로 인정받고 싶다는 욕구가 컸을 것이다. 그렇다면 이렇게 행동했어야 하지 않을까?

"강사가 올린 글에 폄하하는 듯한 별칭이 적혀 있어서 많이 놀라고 언짢았겠어요. 우선 죄송합니다. 그런데 글의 문맥을 잘 읽어 보시면 폄하보다는 오히려 긍정의 메시지가 담겨 있다는 것을 아실 거예요. 제 딴에는 좋은 취지로 썼던 글이 오해를 만든 것 같습니다. 이런 오해의 소지가 없도록 해당 부분에 대해 수정해서 다시 올리도록 하겠습니다."

이렇게 대처했다면 약간의 서운함은 있었겠지만 오해받은 부분으로 인해 긴 시간 동안 걱정을 키우지는 않았을 것이다.

강의를 하며 내가 가진 최상위 욕구는 '전문가'와 '숙련가'로 성장하는 것이다. 간혹 강의와 관련해 마음의 갈등이 생길 때면 가장 먼저 이 욕구를 떠올린다. 그러면 이 욕구를 충족시킬 수 있는 방법으로 여러 가지 실천 가능한 행동들을 그려보고, 그것들 중 가장 편하게 할 수 있는 것을 선택해 실행으로 옮기고 있다. 여러분들 또한 가장 중요한 최상위 욕구를 찾아보길 바란다.

불안하다면
이유를 찾아라

인간의 모든 행동에는 반드시 의미가 있고, 그 의미 있는 행동을 일으키는 원동력은 욕구에서 비롯된다. 자신이 추구하는 일반적인 욕구가 주로 어느 단계에 머물러 있는지를 인식하는 것 또한 성숙한 감성으로 이끄는 데 도움이 될 것이다.

지금까지 우리는 나의 마음을 발견하기 위해 감정과 행동 패턴, 그리고 원인이 되었던 욕구를 관찰하는 방법을 살펴보았다. 자신이 경험한 하나의 에피소드 안에는 이 세 가지 요소가 모두 혼합되어 있으며 이것은 내가 가진 마음 속 감성의 재료를 이해하는 데 큰 도움이 될 것이다.

평소 행동양식의 주된 동기는 무엇이었는지 경험을 토대로 작성해 보자.

★ 발견하기

일어난 일	감정의 흐름	나의 행동 (방어기제)	행동의 원인이 된 욕구(동기)	다시 경험하게 된다면
동창들과의 술자리가 길어져 배우자에게 연락 없이 늦어지게 되었다.	불안함 죄책감	꽃집에 들러 아내가 좋아하는 꽃을 사서 아내에게 선물했다. (취소-방어기제)	아내와 다투는 상황이 일어나질 않기를 바람. (안전의 욕구) 이해해주길 바람. (존중의 욕구)	미리 연락하지 못함에 대해 인정과 사과를 한 후, 실수를 줄이기 위한 계획을 작성한다.

예상치 못한 상황이나 사건이 발생하면 우리의 감정은 빠르게 반응한다. 그리고 미처 조절되지 않은 감정의 불안함은 나의 행동 패턴에 작용된다. 이러한 불안한 감정과 행동은 반드시 의미와 목적을 가지고 있으며 이것이 지닌 의미와 목적을 발견하는 것으로부터 우리는 마음의 재료를 어떻게 혼합해야 하는지 힌트를 얻고

©이현정

행복의 원리는 간단하다.
불만으로 인해 자신을 학대하지만 않는다면 인생은 즐거운 것이다.

- 버틀런드 러셀

★ 발견하기

실천할 수 있게 된다. 이렇게 관찰된 우리의 욕구는 또 다시 같은 경험을 하게 될 경우 발전된 성숙한 방어기제를 형성하도록 작용할 것이다.

현재 내가 원하는 욕구를 충족시킬 수 있는 방법으로 나의 감정과 행동을 컨트롤 한다면 얼마든지 행복한 자아로 이끌어올 수 있을 것이다.

● **나를 발견하는 물음표 4** ●

Q1: 나를 행동(긍정 또는 부정)하게 하는 최상위 욕구는 무엇입니까?

더 발견하기

가족은
내게
무엇을 주는가

엄마,
내 실수를 이해해줘요

가족을 기억하면 어떤 장면이 가장 먼저 떠오르는가? 그 장면의 기억은 나를 기분 좋게 하는가? 아니면 그 반대인가?

나는 강의를 마친 후 간혹 교육생들로부터 동일한 질문을 받을 때가 있다.

"강사님 저희 아이(청소년 또는 성인으로 자란 자녀)는 도통 집에 오면 아무런 얘기를 하지 않습니다. 가족 간에도 소통이 중요하다고 하는데 이거 원, 말을 해보라고 해도 하지 않으니 답답합니다."

이렇게 말해오는 사람들에게는 공통된 점이 있었다. 그것은 부모 중 한 명이 어린시절부터 자녀에게 다소 강압적인 양육 태도를 보였다는 점이다. 이렇듯 부모가 일 때문에 바빠서 자녀와 함께할 시간이 없어서 양육을 소홀히 했건, 강압적인 태도로 양육을 했건 정서적 교감을 충분히 하지 못한 자녀는 성인이 된 후 부모와의 소통은 더욱 어려워지기 마련이다. 그리고 이러한 대처방식은 그 자녀가 결혼을 한 후 다시 그들의 자녀를 양육하는 과정에 그대로 반영되기도 한다.

아이가 다섯 살 때 있었던 일이다. 아이들은 다섯 살쯤 되면 대소변을 거의 완벽하게 가리게 된다. 그런데 어느 날 아이가 유치원에서 돌아왔는데 아침에 입고 갔던 옷이 아닌 다른 옷을 입고 왔다. 유치원에서 소변 실수를 해서 갈아입고 하원을 한 것이다. 아이를 키우는 가정에선 흔히 있는 일이다. 만약 여러분이 엄마라면 어떻게 대처했을 것인가.

우선 아이를 보자마자 꾸짖으며 심하게 훈육하는 엄마가 있다.

"너 몇 살인데 아직도 오줌을 못 가려. 혼자서 화장실 갈 줄 몰라?"

"아니, 엄마 내가….”

"다음부터 또 옷에 쉬 할래? 안 할래?"

그 순간 아이는 생각하게 된다. 엄마에게 이유를 들어 설명하면 혼난다는 것, 그리고 부끄러운 일은 말하면 안 된다는 것. 두 번, 세 번 비슷한 일들을 가정에서 경험한 아이는 더 이상 부모에게 자신의 실수한 부분이나 학교에 들어가면서 겪게 되는 친구들과의 다툼, 이성친구에 관한 이야기 등 소소한 문제들을 포함한 일상적

'지금 만나러 갑니다'
나의 감성을 만든 것은 8할이 가족이다.
아빠를 만나러 가는 길가에서…

– 손정연

이야기를 부모에게 털어놓기를 어려워하게 된다.

그럼 어떻게 해야 할까? 내가 아이에게 했던 방법은 이랬다.

"이런, 하윤이 많이 놀랐겠다. 친구들이 모두 있는 곳에서 쉬가 나와서 하윤이가 창피하고 놀랐을 것 같아."

"응. 엄마 내가 그림 하나만 더 그리고 화장실에 가려고 했는데, 쉬가 못 참고 갑자기 나와 버렸어. 그래서 그런 거야."

"응. 그랬구나, 하나만 더 그리고 싶어서 그랬는데 쉬가 못 참았구나. 많이 놀랐겠다. 그럼 하윤아. 다음에 또 그러면 어떻게 하면 좋을까?"

"응. 그림 그리기 전에 화장실에 먼저 갔다 오면 돼."

"그래, 그런 방법이 있었구나. 이제는 그림 그리기 전에 미리 화장실부터 다녀오면 되겠다. 그치?"

양육자의 너그러운 반응을 경험한 아이는 불안감이 낮아지고 심리적 안정을 찾게 된다. 또한 이후에도 실수나 선택에 대해 크게 좌절하거나 자책하기보다는 더 향상된 방법으로 무엇이 있을지에 대해 스스로 고민하고 찾아내는 합리적인 태도를 보이게 될 것이다. 어린 시절 실수했을 때 감정을 수용해주며 합리적인 꾸중을 들은 아이는 성인이 되어서도 자신의 실수에 대해 합리적인 비판을 하게 된다. 하지만 부모나 그 외 양육자로부터 비합리적인 대우를 받은 아이는 자기 비난의 소리도 비합리적이고 자학적인 성향을 보이게 된다.

사람은 누구나 자신의 실수가 되었든, 타인의 실수가 원인이 되었든 자신이 느낀 부정적인 감정에 대해 상대방이 수용해주고 공감 받길 원한다. 하지만 그것이 원하는 대로 충족되지 않을 경우 실망하고 서운한 감정은 증폭되어 상대방의 질책과 비난에 예민하게 반응하게 된다. 그리고 그것에 대해 곰곰이 생각하는 과정에서 자신의 행동이 비뚤어져서 그런 건 아닌지 스스로를 자책하게 되고 이것은 다시 비합리적인 자기 비난이 된다. 이때 과잉된 감정이 자기에게로의 전향turning against self; 남에게 향했던 분노가 자기를 향하게 되므로 자기공격과 우울증이 되기도 한다이라는 방어기제를 사용하게 될 경우 수치심을 느끼며 급기야 자기 자신에 대한 미움이 커져 자존감이 낮아지는 원인이 될 수도 있다.

100퍼센트라고 말할 수는 없지만 현재 자신이 사용하는 인생태도 중 상당 부분은 어린 시절 가족 안에서 경험한 부분에 영향을 받았을 것이다. 결혼을 한 기혼자라면 결혼하기 전 자신의 가족, 즉 원가족original family을 통해서 형성된 경우가 많을 것이다.

우리 가족의 소통 점수는
몇 점인가요?

　가족의 형태를 간단하게 정상 가족의 범위에 들어 있는 소통적 가족과, 그 반대의 개념으로 단절적 가족으로 구분해 보았다. 어느 날 아이가 교통사고로 몸을 다치거나 신종플루와 같은 질병에 걸렸다고 가정해 보자.

　많이 놀라긴 했지만 부부가 의견을 나눠 아이들만 전문으로 치료하는 병원을 찾아보거나 입원할 경우 간병을 어떻게 할지 침착하게 의견을 나누고 고민하여 아이가 빠르게 완쾌하는 쪽에 힘을 모아 이 상황을 극복하려는 부부가 있다. 이런 정상적인 순기능 가족의 구성원들은 문제를 건설적으로 해결하고, 가족 구성원 서로를 양육하며 관심과 온정의 부드러움을 경험한다. 서로의 감정을 지나치지 않고 읽어주는 것으로 정서적 교류를 충분히 나누며, 이

★ 더 발견하기

러한 공감적 자극과 반응은 서로에 대한 믿음과 신뢰를 향상시켜 준다. 인생의 과정에서 겪게 되는 불안과 두려움의 상황 속에서도 자신의 성장을 지켜봐주고 격려해주는 가족의 사랑에 보답하기 위해 최선의 노력을 다 할 수 있는 용기를 얻게 되는 것이다. 이것은 점차 스스로의 가치를 인정하는 자기효능감으로 자리매김하며 성숙한 행동양식을 형성하는 자존감으로 진화하게 된다.

하지만 같은 상황에서 아이의 사고 소식을 듣고, 직장에서 달려온 남편이 아내를 향해 "도대체 집에서 여자가 하는 일이 뭐야? 애 하나도 제대로 못 돌보나?"라며 아이가 다친 것이 배우자의 탓인 냥 비난하고 헐뜯게 된다면 이야기는 달라진다. 그렇지 않아도 아이의 사고 소식에 놀란 아내는 마음이 위축되어 자신의 탓인 것만 같은데, 자신을 향해 화를 쏟아내는 남편의 태도가 서운하고 못마땅해, "그러는 당신은 애한테 해준 게 뭐야? 돈만 벌어오면 아빠 노릇 다한 거야?"라며 함께 맞받아치며 시간을 허비하고, 급기야 부부 싸움으로 상황을 악화시키는 경우도 있다.

이와 같이 건강하지 못한 단절적 가족 구성원들은 서로를 경계하거나 적대적인 경우가 많다. 가족 구성원 간에 관심과 대화가 없으며, 가족 규칙에 있어서도 일관성이 없는 것이 특징이다. 가장 지지받고 무조건적인 정서적 교류를 해야 하는 가족 안에서 이런 것들이 배제되거나 거부당하게 될 경우 사람은 일반적인 친구나 직장 내 인간관계 속에서 느끼는 상실감보다 더 큰 상실을 경험하게 된다.

우리 주변에서 단절적 가족은 흔하게 볼 수 있다. 뭔가 큰 문제가 있는 가정이 아니어도 우리가 미처 파악하기도 전에 일상생활처럼 단절의 요소들이 가정에 침투하는 것이다.

다음은 강의를 들은 교육생이 보내준 사연을 정리한 것이다.

교육생은 남편의 사업실패와 그로 인해 가정 내 소통이 단절되면서 불편을 겪고 있었다. 본인 또한 몇 년 만에 사회생활을 다시 시작하면서 가정과 일에서 부적응 상황들이 하나 둘 발생하기 시작했다. 사춘기 아이들과의 관계도 점점 어렵기만 하고, 이런저런 여러 가지 상황들이 복합적으로 다가오면서 배우자와의 관계 또한 지난 1년 동안 제자리걸음 상태가 되었다. 냉랭한 부부 사이에 그대로 노출된 아이들은 자꾸 어긋나는 것만 같고, 이러한 상황을 적절하게 해결하기는커녕 서로가 서로에게 상처 주는 말들을 쏟아냈다. 그 안에서 교육생은 자신이 가장 아프고 힘들다는 생각에 답답할 때마다 많이 울었다고 한다. 물론 남편과 대화를 시도해보기도 했지만 늘 핑퐁게임처럼 서로 변명을 늘어놓으며 솔직하지 못했다.

남편에게 무엇을 원하는지 욕구를 명확히 알지 못하는 상태에서의 대화는 서로의 신경을 긁는 얘기들로만 채워졌다. 자신이 스스로 느끼는 감정에 대해서도 이름 짓기가 혼란스러웠고, 그렇다보니 점점 더 그때그때 느끼는 감정들을 전달하는 것이 어려워져 표현하지 못하

★ 더 발견하기

고 쌓아두는 일이 점점 늘어났다고 한다. 계속되는 똑같은 상황의 반복에 지치고 힘들어 우울함이 점점 과잉되었고, 잠깐 동안 자신을 포기하고 싶다는 극단적인 생각도 하게 되었다.

흔한 가정의 모습일 수 있겠다. 자신에게 주어진 일과 해야 하는 것들에 집중하다 보면 가족 내 소통은 점차 줄어들고, 그것이 익숙해져버리는 순간 우리는 많은 것들을 잃게 된다. 함께 거주하는 것만으로 건강한 가족이 만들어지는 것이 아니라, 그 속에서 주어진 가족 내 역할을 충실히 이행했을 때 가족의 모습은 건강하게 그려질 수 있는 것이다. 그렇다면 행복한 소통적 가족을 만들어 가기 위해 가족 내 단절의 역할을 찾아 올바른 방향으로 변화시켜주는 과제가 남았다. 어떤 부분이 우리의 가족을 단절로 몰고 가는지 그 요소를 가지고 이야기 해보도록 하자.

왜 우리 주변에 이런 단절적 가족이 흔하게 만들어지는 것일까? 그 이유는 바로 부부 둘 중 한 명이 단절자의 역할을 하고 있기 때문일 것이다. 어느 기관에서 조사한 아버지 지수에 대해 응답한 아들과 딸들 가운데 27%는 '무늬만 아버지일 뿐'이라고 했으며, 45%는 '노력이 필요한 아버지'라는 응답을 했다. 과거의 아버지에게는 가정 내 경제적인 역할만이 강조되었다. 그러다 보니 가족 내 단절의 요소가 커지는 것을 미처 느끼지 못하는 사이에 소통의 시간은 점차 줄어들고 행복이 무너지는 사태에 이르게 된 것이 아닐

까라는 생각이 든다.

행복한 소통적 가족을 위해서는 경제적인 역할과 더불어 부부가 지켜주어야 하는 4가지 동반자적 역할이 있다.

1. **가족적 동반자** : 가정의 모든 것을 서로 공유하며 신뢰하는 가족애를 느낄 수 있는 동반자이다. 서로를 이해하고 지지해 줄 수 있는 가장 필수적인 동반자라 할 수 있다.

2. **낭만적 동반자** : 부부는 낭만적 사랑과 성적인 욕구를 지니고 이것을 충족시킬 수 있는 애정의 상대여야 한다.

3. **사교적 동반자** : 개인적인 친근감과 신뢰를 바탕으로 하는 긍정적인 정서 교류를 말한다. 일상생활 속에서 즐거움과 고통을 함께 나눌 수 있는 인생의 중요한 동반자이다.

4. **작업적 동반자** : 목표를 실현하기 위한 목표지향적인 행동을 지지하고 신뢰하는 동반자로, 경제활동을 유지하는 것 등이 여기에 속한다.

이 4가지 중 어느 하나가 부족하거나 하나에 지나치게 집중되어도 부부의 모습은 단절을 그리게 된다. 최근 유명 아나운서의 이혼

★ 더 발견하기

소식이 이목을 집중시키는 가운데 그 부부가 서로에게 소홀해지고 이혼에 이르게 된 직접적인 원인이 서로를 지나칠 정도로 배려했다는 것임을 알 수 있었다. 두 사람은 일을 마치고 돌아와 각자 방으로 그냥 들어가도 '피곤하니 쉬도록 해줘야지', '불평이 없는 것을 보니 괜찮겠지'라는 반응이었다는 것이다. 서로에게 즐거움과 고통을 함께 나눌 수 있는 '사교적 동반자'로서의 역할이 작용되지 않음으로 인해 발생한 슬픈 결말이라 할 수 있겠다.

인생의 과정에서 겪게 되는 불안과 두려움의 상황 속에서도
자신의 성장을 지켜봐주고 격려해주는 가족의 사랑에 보답하기 위해
최선의 노력을 다 할 수 있는 용기를 얻게 되는 것이다.
이것은 점차 스스로의 가치를 인정하는 자기효능감으로 자리매김하며
성숙한 행동양식을 형성하는 자존감으로 진화하게 된다.

지금 무엇에
중독되어 있는가

행복한 소통의 가족을 만들기 위한 네 가지 동반자적 역할에서 한 가지라도 부족하거나 만족하지 못할 경우 부부 관계에 금이 갈 수 있으며, 이것은 건강하지 못한 단절적 가족을 만드는 원인이 되기도 한다. 동반자적 관계에서 충족되지 못한 욕구는 부부 두 사람을 벗어난 제3의 '중독'을 만들어낸다. 또는 제3의 중독은 부부 사이의 동반자적 관계를 무너뜨려 단절을 초래하기도 한다. '닭이 먼저? 달걀이 먼저?'와 같은 맥락인 것이다.

그렇다면 중독에는 어떤 것들이 있을까? 여기에서의 중독은 흔히 범죄와 연결된 의미에서의 중독을 이야기 하는 것은 아니다. 일상생활에서 흔히 보게 되는 중독을 말한다. 쉽게 일중독, 알코올 중독, 도박, 성도착, 운동, 텔레비전 등 다양한 대상으로 빠져들 수

★ 더 발견하기

있다. 이러한 중독은 4가지 동반자적 역할에 있어서 균형을 깨뜨리는 주범이 되어 가족 내 단절을 심화시킨다.

예를 들어 집에서는 텔레비전을 통해 골프 채널을 시청하고, 평일 저녁에는 스크린 골프장에서 시간을 보내며, 주말은 모임의 회원들과 골프장을 찾는, 그야말로 골프에 중독된 남편이 있다면 단절의 첫 번째 원인자라 할 수 있다.

꼭 문제가 한 눈에 보이는 경우만 중독이라 할 수 있을까? 안타깝게도 가장 열심히 최선을 다해 사는 것 같지만 무언가에 중독이 되어 있고, 가정을 단절로 몰아가는 경우가 현대 사회에서는 더욱 심각하게 자주 등장한다. 바로 일중독Workaholism이 그 주범이다.

치열한 경쟁 시대에 살아남기 위해 누구보다 열심히 주어진 삶을 살아가는 사람들이 우리 가정 안에 있다. 그것이 가족을 위하는 일이라고 믿고 있기 때문에 소외되어 있는 구성원을 생각할 겨를은 없는 것이다. 아니 더 정확히 그것이 나쁘다는 생각을 해본 적이 없는 것이다. 하지만 무엇인가에 중독된 배우자가 있다면 그 옆을 지키고 서있는 또 다른 배우자는 그로 인해 인생의 매순간에 소외될 것이며, 함께 공유해야 하는 소중한 가족 간의 소통의 시간을 놓치고 말 것이다. 아이가 자라는 모습 속에서도 지워져 있을 것이고, 고통스러운 인생의 순간에서도 함께 감정을 나누는 것이 어려워질 것이다. 이대로 방치하게 된다면 단절의 사이클에 우리 가족이 들어가게 되는 것이다. 이것은 앞서 이야기 한 욕구의 우선순위

©김선규

"내가 몹시 아팠던 흔적이야"
돌처럼 단단해진 상처를 어루만져주자
나무도 내 가슴속 옹이를 쓰다듬어 줍니다.
"그랬구나. 얼마나 힘들었겠니!"

- 김선규(신문사 편집인)

★ 더 발견하기

를 정하는 것과도 밀접한 관련이 있다.

또, 여기서 놓치지 말아야 할 것이 하나 더 있다. 이렇듯 가족이 단절의 사이클로 돌아가고 있다는 것을 예감하면서도 혼자서 어떻게든 해결하겠다고 나서는 자칭 '전능자'라는 두 번째 원인자가 나타나게 된다. 바로 아내이다. 일중독인 남편을 보며, "당신은 열심히 일에만 신경 써. 아이들 키우는 건 내가 다 알아서 할게."

술 중독인 남편이 집으로 돌아와 가족에게 폭력을 휘두르는 모습을 그저 바라만 보는 아내, 그리고 난장판이 된 집 구석구석을 아무 일 없었다는 듯 묵묵히 치워내는 아내, 주식이나 쇼핑에 중독되어 재산을 탕진하거나 빚 독촉에 스트레스를 받는 남편에게 말없이 돈을 마련해주는 아내, 바로 우리 가족의 두 번째 단절자라고 할 수 있을 것이다. 자세히 보면 지금껏 우리는 이렇게 사는 것이 서로를 위하는 희생과 돌봄의 좋은 예라고 착각했을 수도 있다. 그렇다고 일부러 갈등을 만들어 싸움을 유발하라는 것이 아니다. 현실로 나타난 중독의 사실을 인정하고 변화를 위한 소통을 시작해야만 한다.

이제부터 행복한 소통적 가족으로 변화시키고 싶다면 두 사람 사이의 동반자적 관계를 훼방 놓는 '중독'된 제 3의 무엇인가가 없는지를 관찰해야 한다. 그리고 중독이 발견되었다면 과연 어떤 의미와 목적을 두고 일어난 현상인지를 찾아야 한다. 즉, 중독이라는 행동 밑에 숨겨져 있는 욕구를 찾아 그것을 긍정적으로 승화시킬 수 있는 수단, 방법을 고민해야 한다. 그리고 무엇이 행복한 가족을 위한 가치 있는 욕구의 우선순위인지를 다시 한 번 정립해 보는 것으로 변화를 시작해야 할 것이다. 그것은 다시 나의 가족의 건강한 감성을 형성해주는 좋은 재료가 되어줄 것이다.

또 한 가지, 우리가 관심을 기울여야 하는 것이 있다면 바로 자신의 옆에 있는 배우자 또는 애인의 원가족이 혹시 소외와 폭력으로 얼룩진 단절적 가족에 속했던 것은 아닌지 살펴보아야 한다. 확인 결과 만약 단절적 가족이었다면 배우자를 힘껏 안아주도록 하자. 그리고 차분한 목소리로 두 손을 잡고 말해 주어야 한다.

"당신 자라면서 많이 외롭고 아팠지요? 이제는 내가 옆에서 힘이 되어 줄게요. 함께 의지하고 격려하며 바라봐 줄게요. 많이 힘들었을 텐데 잘 극복하고 이렇게 성숙한 모습으로 내게 와줘서 고마워요."

그 순간 우리는 단절로 움직이는 가족의 사이클을 소통으로 돌리는 기적을 발휘하게 될 것이다.

지금까지 살펴 본 가족의 첫 번째, 두 번째 단절자들이 현재 시점에 살고 있는 내 마음의 재료에 어떤 영향을 미쳤던 것인지를 알아야만 한다. 그리고 이 사이클을 끊어낼 수 있을 때 나의 감성은 더욱 성숙해질 것이며 건강한 행동양식을 사용할 수 있을 것이다.

★ 더 발견하기

김 대리이자 아빠인
당신에게

누구나 아버지가 되기는 쉽다. 그러나 진짜 아버지답기는 어려운 일이다. 몇 해 전 공감한 공익광고가 있었다. 밖에서 봤을 때는 전혀 문제가 없어 보이는 단란한 가족이다. 직장이나 주변인들로부터 존경받는 아버지, 타인을 배려하는 인정 넘치는 어머니, 예의 바르며 좋은 대인관계를 가진 데다 성실하게 자신의 역할을 해내는 자녀들. 그러나 밖에서 보이는 모습과 다르게 아버지는 가족 안으로 들어오면 무심하고 애정이 부족한 사람이 된다. 어머니는 남편과 자녀에게 불평과 불만을 쏟아내고, 자녀들은 친절하지도, 스스로 주어진 일을 해내는 모습도 찾아볼 수가 없었다. 왜일까? 사회에서는 의식적으로 마음 속 자아가 감성의 균형을 맞춰 행동하지만, 가족 구성원들과 함께 있으면 무의식적으로 우리 가족만이 가지고 있는 고유의 정서로 인해 전혀 다른 캐릭터로의 삶을 살아가는 것이다. 이러한 가족 내 역할이 단절된 가족에서 진행될 경우 그 결과는 끔찍한 사건으로 이어지기도 한다. 지난 겨울 대한민국을 떠들썩하게 했던 '서초동 세 모녀 살인사건'의 전말을 살펴보자.

> 범인은 아내와 큰딸에게 수면제를 먹인 후 살해했다. 범행 이후 집을 나와 충북 대청호에서 투신자살을 기도했지만 실패했고 같은 날 낮 12시께 경북 문경에서 검거됐다. 범인은 명문 사립대 경영학과 출신으로 2012년부터 실직상태였다. 그는 서울 강남의 모 한의원을 퇴사하면서 아파트를 담보로 5억 원을 빌려 매달 400만 원씩 생활비를 댔다. 그러나 주식투자로 3억 원가량 손실을 입고 대출금 상환 압박까지 받자 자살을 결심했다. 남은 가족들의 충격과 경제적 어려움을 우려해 아내와 딸들을 살해하고 자살하려 했으나 자신은 자살에 이르지 못했다.
>
> — 헤럴드 경제 뉴스 발췌

사람들은 가장 소중한 존재인 가족의 생을 빼앗은 비정한 가장이라고 했다. 인간이 아니라 짐승이라며 많은 사람들은 범인을 욕했다. 서민의 삶을 살고 있는 주변의 사람들은 '아니, 그 돈이면 충분히 누리며 살 수도 있었을 텐데 욕심이 너무 큰 거 아냐?'라는 해

★ 더 발견하기

석도 했다. 언론에서는 엘리트의 길을 걸었던 한 남자가 어느 날 갑자기 불어닥친 실직과 재취업의 실패, 그리고 주식으로 인한 경제적 손해로 인해 '상대적 빈곤감'을 키웠을 것이라고 한다. 결국 크게 좌절한 나머지 끔찍한 살인에 이르렀을 것이라고 했다. 그러면서 현대인들의 고통에 적응하는 미성숙한 자세를 꼬집었다. 흔한 말로 맷집이 너무나 약해졌다는 것이 키워드였다.

하지만 나는 이 뉴스를 보며 마음이 아팠다. 범인인 이 남자가 참으로 애처롭고 불쌍하기도 했다. 물론 부인과 눈에 넣어도 아프지 않을 자식을 자기 손으로 해한 사실만 본다면 범죄자일 뿐이며 어떤 측은함도 느낄 수 없었을 것이다. 그러나 이 남자가 쓴 유서를 보는 순간 난 그가 우리 주변에서 흔히 볼 수 있는 아버지였을 뿐이라는 생각을 했다. 자신의 희생과 강한 책임감으로 가족을 건사하고자 하는 이 시대의 안타까운 가장으로 보였던 것이다. 아래는 언론으로 전해진 그가 쓴 유서의 일부 내용이다.

미안해 여보, 미안해 ○○아, 천국으로 잘 가렴. 아빠는 지옥에서 죗값을 치를게.

부모님보다 먼저 가는 것도 미안한데 집사람과 애들까지 데리고 가는 죽을죄를 지었다. 나는 저승에 가서 그 죗값을 치르겠다. 통장을 정리하고 좀 남는 것이 있을 텐데 부모님, 장인 장모님의 치료비와 요양비 등에 쓰라.

그리고 얼마 후 구속 수감된 범인을 취조한 심리, 행동분석 결과 범행을 저지른 이 아버지는 자기애와 성취욕이 매우 강한 사람으로 분석되었다. 자기 혼자만 자살하면 살아남은 가족이 더욱 불행해질 것이라는 착각이 참혹한 범죄를 불러일으켰다는 것이다. 극심한 경쟁사회에서 살아남기 위해 자기중심적인 자기애가 커졌던 것이다. 이것을 다른 측면으로 본다면 주위와 비교하며 열등감을 가진 패배자로 살아간다는 의미이기도 했다. 어찌 보면 우리 사회가 낳은 범죄이기도 하다. 가족 안에 일어나는 문제를 가족 내에서 해결하지 못하고 다른 것에 집착하기 시작하는 순간 단절적 가족에 노출되는 것이다. 가족 안에서 4가지의 동반자적 관계가 형성되어 있었는지가 범죄의 중요한 원인이 됐을 거라 추측한다. 그런데 특이한 점은 범인은 이런 끔찍한 범행을 저지르는 순간에도 양가 부모님의 건강을 염려했다는 점이다. 이것은 그가 장남으로서의 가족 역할에 대해 평소 생각이 남달랐을 거라 짐작을 할 수 있다. 이 또한 안타까운 이 시대 가족의 모습이란 생각이 들었다. 이렇듯 가족 내 구성원들은 그 가족의 특성상 자신에게 주어진 역할로 살아간다.

★ 더 발견하기

착한 아이가
되려면 말이야

가족이 어디서부터 잘못되어 가고 있는지를 파악하기 위해서는 단절을 제공했던 사람과 더불어 우리 가족 안에서 은연중에 만들어진 가족규칙이 무엇인지를 관찰해 보아야 한다. 가족규칙이란 '~하지 마'와 같이 부모의 가르침으로 학습되는 것이 있고, 부부 싸움으로 몰래 우는 어머니를 보고 '어머니를 절대 슬프게 해서는 안 된다'라는 것을 스스로 체득하는 예도 있다. 이러한 가족 규칙은 '절대', '항상', '반드시'라는 절대적인 용어로 나타나며 '~해야만 한다'를 동반하기도 한다. 긴 시간 반복될 경우 인생을 바라보는 나만의 태도, 신념으로 굳어지게 된다.

보편적으로 어린 아이에게는 아래와 같은 5가지 자유를 마음껏 누리도록 보장해주어야 한다. 그리고 이러한 자유의 보장은 아이의 불안과 공격성, 성적 욕망과 같은 본능적 욕구를 수용해주는 구체적 방법이며, 아이로 하여금 자존감이 회복되는 과정으로 작용된다.

1. 보고 들을 자유
2. 느끼고 표현할 자유
3. 생각하고 말할 자유
4. 원하는 것을 바라고 선택할 자유
5. 모험하고 나아갈 자유

그러나 이 5가지의 자유를 보장해주는 것은 생각보다 어렵다. 우리는 은연중에 '~하지 마'라는 말을 너무나 자주 사용하고 있기 때문이다. 가족이 모여 밥을 먹는 식탁에서 '밥 먹으면서 말하지 말랬지', 넘어져 우는 아이를 향해 '시끄러, 그만 울지 못해? 남자는 아무 데서나 울면 안 된다고 했지', 무엇인가 맘에 들지 않아 짜증을 부리는 아이에게 '너 한 번만 더 그러면 혼날 줄 알아'라며 엄포를 놓는다. 이렇듯 우리가 무의식적으로 내뱉는 말들은 아래와 같은 5가지 병리적 가족규칙을 형성하고, 이것은 아이가 마음껏 누려야 하는 자유를 빼앗는다. 그리고 어느 순간 아이의 마음에 '나'는 사라지며 내가 마땅히 해야만 하는 것들이 규범처럼 머릿속에 각인된다.

1. Be Blind (보지 마)
2. Don't Talk (말하지 마)
3. Don't Feel (느끼지 마)
4. Don't Trust (믿지 마)
5. Be Good (그래야 착한 아이란다)

무척이나 흔하게 우리 가정에서 일어나는 일이지만 이러한 대
처방식은 아이의 불안함을 전혀 다독여주지 못한다. 예를 들어 부
부에게 말다툼이 일어났는데 아이가 같은 자리에 있을 경우, 부모
중 한 사람이 언성을 높인다.

"넌 들어가 있어!"

순간적으로 아이의 눈을 가리는 효과는 있겠지만 방으로 들어
간 아이의 마음은 여전히 불안함에 노출되어 있다. 부모가 걱정되
고 불안하여 왜 다툰 것인지를 물으면 오히려 아이에게 화를 내며,
'네가 알아서 뭐하려고 해. 더 이상 말하지 마. 넌 그냥 네 할 일만
잘 하면 되는 거야'라며 꾸짖는다. 아이는 이때부터 부모가 만들어
준 규칙 속에서 그저 착한 아이로 성장하게 되는 것이다. 이 아이
에게는 '나'라는 존재가치는 희미해지게 된다.

워싱턴대학교 심리학과 명예교수 존 가트맨John Gottman 교수는
감정을 거부당하거나 무시당하는 일이 많은 아이일수록 자존감이

낮아진다고 했다. 결국 자신과 더불어 타인 또한 신뢰하거나 존중하지 못하기 때문에 인생이 될 대로 되라는 식의 무책임한 행동들로 연결되기도 하는 것이다. 결국 지나치게 소심하거나 또는 과잉된 충동적인 언행으로 부모에게 더 크게 혼나는 등의 좋지 않은 상황을 반복하기도 한다.

이렇듯 지나치게 요구되는 가족 규칙은 앞에서 살펴보았던 도덕적 사고만을 강화시켜 자아의 균형을 깨뜨린다. 'Don't talk', 'Don't feel', 'Don't trust'라는 필터링을 거쳐 개인의 신념을 만들어내고, 이것은 다시 완벽주의를 요하는 개인의 스트레스 영역으로 확대되기도 한다.

케이블 TV에서 가족 내 문제가 있는 부부가 출연해 전문가들로부터 상담을 받는 프로그램을 본 적이 있다. 출연한 아내는 매사 완벽을 요구했고, 이러한 아내에게서 숨막혀했던 남편은 부부간 다툼이 있을 때마다 TV가 있는 작은 방으로 잠시 도피하는 행동을 보였다. 아내는 자매가 모두 일류대학을 졸업하고 부모님 모두 전문직종을 가진 꽤 괜찮은 환경에서 성장한 사람이었다. 하지만 아내는 주어진 환경적 요소와는 다르게 자존감이 낮았고 무기력증을 보이기도 했다. 왜 그럴까? 의아했는데 이유는 바로 지나치게 높은 가족 규칙으로 인한 결과였다. 방송 내내 아내는 남편과 아이들을 향해, '트레이닝복을 입고 집밖으로 나가면 안 돼', '빨래는 꼭 세 번씩 팍팍 털어서 널어야 해', '흘리고 먹으면 안 돼', '남

★ 더 발견하기

자가 힘들다는 말을 왜 이렇게 많이 해? 그런 거 티내지 마'와 같은 말을 쉴 새 없이 사용하고 있었다.

지나친 가족 규칙은 개인의 감정을 공감하는 데 걸림돌이 되며 대부분의 사람들은 자신의 감정을 무시당하는 일을 많이 경험할수록 자신의 가치를 의심하게 된다. 결국 지나치게 요구되는 가족 규칙 또한 가족 내 단절자와 더불어 우리 가족 구성원들을 병들게 하는 주범일 수밖에 없는 것이다. 나에게도 혹시 가족 구성원과 주변 사람들을 힘들게 하는, 지나치게 강요하는 가족 규칙은 없는지 살펴보고 유연하게 변형해 보는 액티브코칭이 필요하다.

[감성액티브코칭 '~해야만 한다'의 가능성 열기]

〈가족 규칙〉 ~해야만 한다 ~해서는 안 된다	규칙이 만들어진 원인	규칙을 지키기 어려운 상황들	합리적인 가능성
아침밥은 반드시 8시 전에 먹어야만 한다.	결혼 전 아버지의 주장에 따랐던 습관	주말에 늦잠을 자게 될 경우 시간을 지키기 어렵다.	▶ 주말은 구성원들의 기상 시간을 기준으로 정할 수 있다. ▶ 규칙을 지키기 어려운 상황 발생 시 전날 미리 알려 준다.

행복을 축적하는 가족
vs
캐내는 가족

그렇다면 반대로 행복한 소통적 가족의 구성원들은 어떤 행동 규칙을 가지고 있을까? 그들은 사실을 꾸밈없이 설명하고 받아들일 자세를 갖추고 있다. 가족 내 지속적인 소통을 통해 서로의 감정을 충분히 공감 받았기 때문에 불안함보다는 적극적이며 책임감 있는 태도를 보인다.

감정과 이성의 균형은 문제를 직면할 수 있도록 도우며 이것은 자기 가치감을 높여주는 중요한 요소로 작용한다. 이런 건강한 가족을 통해 합리적이며 성숙한 대처방법이 형성된다. 지금 이 순간 우리 가족의 모습을 바꾸고 싶다면 다음과 같은 목표를 세워 작은 변화를 실천해 보는 것도 좋을 것이다.

★ 더 발견하기

1. 서로의 감정을 무시하거나 거부하지 않고 수용하는 태도를 갖는다.

2. 구성원들의 유사점, 차이점, 독특한 점을 인정하며 각자의 강점을 발휘할 수 있도록 지지한다(서로의 장점을 작성해보는 것도 좋다).

3. 의사소통과 의사결정 과정에서 소외되는 일이 없도록 한다.

4. 각자의 희망, 이상과 같은 목표를 만들어 공유하는 시간을 갖도록 한다.

5. 가사 일 등에 역할 분담을 해주고, 그 결과에 대해 인정과 칭찬을 해준다.

6. 가족 규칙을 정확히 하고, 지나치게 얽매었던 가족 규칙이 있다면 유연하게 대처해 보도록 한다.

7. 적합한 의사소통을 할 수 있도록 자신의 감정과 생각을 표현하는 시간을 갖도록 한다.

나의 가족은 행복한 소통적 가족이었는지 조금은 미성숙한 단절적 가족이었는지 지금 다시 떠올려 보길 바란다. 부모는 양육 과정에서 내게 충분한 자유를 보장해주었는지 아니면 우리 가족만의 '~해야만 한다'라는 많은 규칙을 심어주었는지 체크해 보길 바란다. 그리고 지금의 나는 자녀에게 이 규칙들을 반복하고 있지 않은지 진실한 마음으로 답해보아야 할 것이다. 그리고 안타깝게도 지금 우리의 가족이 단절의 사이클에 합류해 있다면 인정하고 받아들인 후 극복할 수 있도록 구성원 서로가 격려해야만 한다.

일본의 어느 작가가 했던 말처럼 가족은 행복을 축적하는 곳이어야지 캐내는 곳이 되어서는 안 되기 때문이다.

감정과 이성의 균형은
문제를 직면할 수 있도록 도우며
이것은 자기 가치감을 높여주는 중요한 요소로 작용한다.
이런 건강한 가족을 통해
합리적이며 성숙한 대처방법이 형성된다.

★ 더 발견하기

내 맘 같지 않은 그 이름,
가족

실제 우리나라의 2014년 한해 가정폭력 신고는 22만 6,247건으로 매년 증가하고 있다. 가정폭력 피해자 77.5%는 19~60세 미만의 성인이었고, 13세 미만의 아동은 10.7%로 집계됐다. 특히 13세 미만 아동의 가정폭력 신고건수는 2013년 대비 131.7%나 증가했다.

여기 한 가족이 있다. 대학을 졸업한 후 단 한 해도 쉬지 않고 직장생활을 유지했고, 비록 대기업은 아니지만 지금은 중소기업의 임원이 된 남편, 그리고 결혼 후 줄곧 전업주부로 지냈던 아내. 이 부부는 네 명의 자녀를 두었으며, 겉으로 보기에는 전혀 문제될 것없는 화목하고 평범한 우리의 이웃이다. 그러나 남편에게는 주사(酒邪)가 있다. 그날 저녁도 회식으로 늦어지는 남편을 제외하고 아내는 네 명의 자녀와 함께 저녁을 먹은 후 텔레비전을 보는 중이었다. 술에 취한 남편은 집안으로 들어오더니, "나는 이렇게 하루도 쉬지 못하고 개처럼 일을 하는데 너희들은 내가 벌어다 주는 돈으로 아주 편하게 살지?"라며 언성을 높이기 시작했다. 네 명의 자녀는 이런 상황을 자주 경험한 듯 이내 자리에서 일어나 소파 가장자리로 모여 몸을 웅크리고 있다. 이런 자녀들이 안쓰러웠던 아내는 남편에게 다가가, "당신 왔어요? 술도 많이 드신 것 같은데 들어가서 씻고 주무세요"라고 말하며 남편의 재킷을 벗기려는 순간 남편의 손이 아내를 밀쳐낸다. 그리고 독기어린 눈빛으로 아내를 노려보며 모욕적인 말과 욕설을 하기 시작한다. 이때 첫째가 다가가 아버지를 말려보려고 했지만 죄인처럼 아버지 옆에 서 있던 어머니가 자녀들에게 울먹이는 목소리로, "너희들은 방으로 들어가! 아빠가 술을 드셔서 그래. 엄마가 잘 이야기 할 테니 빨리 들어가!" 하고 아이들을 다그친다.

자녀들은 어머니의 말을 듣기로 하고 방으로 들어간다. 이들 중 첫째는 거실에 두고 온 어머니가 자꾸 걱정이 된다. 방안을 서성이며 어머니 걱정과 동시에 겁에 질린 동생들의 얼굴을 한 명씩 천천히 둘러본다. 둘째는 술만 마시면 폭언과 폭력을 일삼는 아버지가 마음에 들지 않는다. 당장이라도 거실로 나가 아버지를 막아서고만 싶고 아무런 행동도 취하지 않는 어머니와 형이 한심하다는 생각을 한다. 급기야 "형이 가서 말려야 하는 거 아냐? 보고만 있을

★ 더 발견하기

거야?"라며 주먹에 힘을 주고선 방문을 열고 나가려고 하자 형이 둘째를 막아선다. "지금 네가 그렇게 나가봐야 엄마만 더 맞을 거야. 그냥 가만히 있어." 셋째는 이어폰을 귀에 꽂고 벽에 기대 앉아 읽다만 책을 집어 든다. 넷째는 "뭐, 이런 일 하루 이틀 겪는 것도 아니고 다들 뭘 놀라고 그래? 내일이면 아빠가 미안하다며 용돈 줄 텐데. 이번엔 얼마나 주시려나?"

잠시 후 거실 쪽이 조용해진다. 첫째는 조심스레 어머니에게로 다가간다. 이때 어머니는 눈물을 흘리며 첫째의 두 손을 잡고, "엄마가 너희들 때문에 참고 견디는 거 알지? 너희들만 믿고 산다"고 말한다. 그 사이 언제 나왔는지 모르게 셋째가 거실에 펼쳐진 가정폭력의 흔적을 말없이 치우기 시작한다.

혹시 이들 가족 안에 내 모습이 보이는가?

나를 위해 살아본 적 없는
영웅을 위하여

첫째는 가정폭력의 대상자였던 어머니를 위로하고 가장 가깝게 어머니와 밀착된 관계를 맺은 자녀이다. 첫째는 어머니를 슬프게 하지 않기 위해, 어머니를 위해 살아갈 다짐을 할 공산이 크다.

한 번도 부모님이 가지 말라는 길은 가지 않고, 사회에서 주어진 모범적인 코스를 누구보다 충실히 이행해내며 강한 책임감을 가지고 살아가는 사람들을 우리는 '영웅'에 빗대어 말한다. 가정폭력을 가까이에서 바라본 영웅은 생각한다. '어머니를 슬프게 하지 말자'고.

이들은 부모님을 실망시키는 선택을 하지 않는다. 모든 상황에서 자신은 배제하고 그야말로 남을 위해 살아가는 사람처럼 보이기까지 한다. 예를 들자면 영화 〈국제시장〉에서 배우 황정민이 맡

★ 더 발견하기

았던 주인공 '덕수' 역할이 이에 속한다. 가족을 책임지는 가장으로서 '~해야만 한다'라는 규칙이 인생 태도 전반에 걸쳐 강하게 작용하는 사람이다. 영화에서 덕수는 하고 싶은 것도, 되고 싶은 것도 많았지만 평생 단 한 번도 자신을 위해 살아본 적이 없다. 언제나 '괜찮다'는 자세로 삶을 대한다. 그의 마지막 대사가 마음을 참아프게 한다.

"아버지 내 약속 잘 지켰지예. 이만하면 내 잘 살았지예. 근데 내 진짜 힘들었거든예."

그런데 이것이 영화만의 이야기는 아니다. 최근 이제 막 한글을 배운 할머니들이 손수 지은 시가 인터넷상에 화제가 되었던 적이 있다. 몇 편을 살펴보자.

어머니

어머니 생각하면 / 가슴이 무너진다
오남매 키우시느라 / 좋은 옷 한 번 못입으시고
좋은 음식도 못 잡수히고 / 멀고 먼 황천길을 떠나셨다
좋은 옷 입어도 어머니 생각 / 좋은 음식 먹어도 어머니 생각
눈물이 앞을 가려 필을 놓았다
- 최○○

아들

나한테 태어나서 고생이 많았지 / 돈이 없으니까
집도 못사주니까 / 다른 데 마음 쓰느라고
너를 엄청 많이 때렸다 / 화풀이해서 미안하다
엄마는 / 마음이 많이 아프다
용서해다오 / 저 세상에서는 부자로 만나자
사랑한다 / 또 / 이말 밖에 줄 것이 없다
- 임○○

사랑

눈만 뜨면 / 애기 업고 밭에 가고
소풀 베고 나무하러 가고 / 새끼 꼬고 밤에는 호롱 불 쓰고
밥 먹고 자고 / 새벽에 일어나 아침하고
사랑 받을 시간이 없더라
- 허○○

    할머니들의 글에는 부모님에 대한 그리움과 자식을 생각하는
마음이 녹아 있다. 공통적으로 느껴지는 것이 있다면 자기희생과
강한 책임감이다. 영웅들은 자라면서 끊임없이 수많은 다짐을 하

©정대현

당신이 원하는 모습이 되기에
너무 늦은 때란 있을 수 없다.

- 조지 엘리엇

며 살아간다. '부모님의 희생에 반드시 보답해야 해. 내가 무너지면 가족이 무너질 수 있어. 어머니가 더 이상은 울지 않도록 해 드려야 해.' 이렇게 자신보다는 타인과 주어진 상황에 자기를 망설임 없이 던지는 사람들이다. 특이한 점은 영웅들은 희생을 하되 그 희생이 인정받기를 원한다는 것이다. 그리고 그 인정이 자신을 가족 내 영웅으로 살아가는 데 동기로 작용하기도 한다. 영웅들은 "난 네가 만들어준 김밥이 제일 맛있어"라는 말에 피곤해도 새벽에 일어나서 김밥을 싼다.

2015년 그래미 어워즈 4관왕을 차지한 샘 스미스Sam Smith의 노래 'I'm not the only one'은 바람난 애인에 대한 실망감을 표현한 노래이다. 그런데 노래 속 주인공의 태도는 의외로 외도한 애인을 원망하지도, 그래서 이별을 선언하지도 않는다. 도리어 애인이 외도한 이유를 자기에게서 찾는다. 이것은 모든 문제의 원인을 자기 탓으로 돌리는, 자기에게로의 전향과 같은 미성숙한 방어기제이다. 당신이 외도를 한 이유는 내가 부족해서이며, 난 여전히 내가 당신의 반쪽이길 원한다는 애절함과 과잉 집착까지도 보여준다.

역기능 가족의 영웅은 어떤 면에서 이 노래의 주인공과 비슷한 대처방식을 가진다. 타인에게 지나치게 의존적이며 모든 문제의 원인을 자신의 잘못으로 끌어오며, 그로 인한 상처와 슬픔이 전반적인 정서로 깔려 있다. 역시나 낮은 자기가치감은 자신의 마음속

★ 더 발견하기

에 자신은 없으며 상대방을 기쁘게 하기 위해 살아가는 사람처럼 보인다.

또한 영웅의 성향이 지나치게 강한 사람은 일어난 문제 해결에 있어 '나만 없어지면 되는 거 아냐?'라는 생각으로 극단적인 생각과 함께 자살을 결심하는 사례가 많다. 놀랍게도 이런 영웅은 우리 주변에서 흔히 볼 수 있다.

나는 실제 2012년부터 일반인들을 대상으로 무료 힐링캠프 '소스(소통+스트레스)나눔 MT'를 운영하며 가족 안에서 영웅으로 살아가고 있는 많은 사람들을 보았다. 마음의 상처를 회복하기 위해 모인 참가자들 중에는 영화 〈국제시장〉의 덕수와 닮은 사람이 20~40대의 나이임에도 많았다는 것이다. 놀라운 점은 참가자들의 부모 중 누군가는 역시 덕수라는 것이다. 이들 영웅의 인생을 살아가는 사람들은 힘들다는 표현을 하고 싶어도 부모님이나 다른 형제들을 생각해 묵묵히 맡겨진 일을 완벽히 해내는 사람들이었다. 그리고 그것을 완벽히 해내지 못했을 때 자신에 대한 자책이 커지고, 이러한 죄의식은 자아의 균형을 깨뜨렸다.

어떤 참가자에게는 열등감으로, 어떤 참가자에게는 억압과 전치라는 미성숙한 방어기제로 낮아진 자존감의 파편들이 살 속에 깊숙이 파묻혀 있는 것이 느껴졌다. 기혼자였던 참가자들 중 자녀가 있는 사람들은 자신의 자녀들을 영웅으로 키우고 있었다는 점을 깨닫고 참 많이도 울었다.

당신의 배우자가 그의 가족에서 영웅의 역할을 부여 받았었다면, "당신 누구보다 열심히 산 거 잘 알아. 이제 내려놓아도 돼. 그렇게 혼자 하지 않아도 돼. 나와 같이 나누자"라고 말해주길 바란다.

"당신 누구보다 열심히 산 거 잘 알아.
이제 내려놓아도 돼.
그렇게 혼자 하지 않아도 돼.
나와 같이 나누자"

★ 더 발견하기

이렇게 된 건 모두
가족 때문이야

    둘째는 가정폭력의 상황을 도저히 수용할 수가 없다. 폭력의 당사자인 아버지도 대상자인 어머니도 이해하고 싶지 않다. 또한 그 상황을 적극적으로 나서서 중재하기보다는 숨죽여 지켜보는 영웅에 대해서도 불만이 크다. 우리는 이들을 '희생양'이라고 부른다. 자신을 불편하게 만드는 사람이나 상황에 민감하게 반응하며 감정조절 능력이 현저하게 떨어지는 것이 특징이다. 특히 가족 내에 강한 책임감을 가진 '영웅'이 존재할 경우 무척이나 완벽해 보이는 형 또는 동생에게 지속적인 비교를 받으며, 부모에게 비난의 대상이 되기도 한다. 작은 실수에도 수용적 태도를 보이기보다는 "형은 신경 써주지 않아도 알아서 이렇게 잘 해내는데 너는 도대체 뭐가 문제인거야?", "넌 어떻게 제대로 해 내는 게 하나도 없니?"라는 비난을 받을 때마다 자신의 감정을 거부당한 것에 분노를 키우며 성장한 경우가 많다.

이들은 자신의 잘못된 처지에 대해 남을 탓하는 투사의 방어기제를 사용하게 된다. 말 그대로 모든 것에 자신은 희생양이라는 생각을 지우지 못하고 타인을 잘 믿지 못하기도 한다. 억눌린 상처는 낮은 자존감과 타인에 대한 공격적인 성향의 태도를 만들어낸다. 그야말로 나만 살 수 있다면 타인을 해치는 것도, 상황을 엉망으로 만들어버리는 것도 그들에겐 그다지 중요한 일이 아닌 것이다. 아닌 것은 아니라고 말해야 하고, 매사 공평, 공정하지 못한 처사에 예민하게 반응할 수도 있다.

자기중심적인 생각을 많이 하는 희생양들은 문제가 생겨도 그 화살을 자신에게로 돌리지 않는다. 현재 잘 살고 있다면 자수성가했다고 말하며, 그 반대라면 부모를 잘못 만났고 부모가 내게 해준 것이 없었다고 탓한다. 그렇다 보니 자살률은 가장 낮은 편이며, 오히려 타인에게 피해를 주더라도 자신의 이익을 먼저 생각하는 실리를 추구하는 사람이 많은 것도 사실이다.

영웅으로부터 소외당했던 일들이 상처가 되어 잔재할 경우 강한 피해의식에 사로잡히기도 하고, 자신을 비난하는 상황에 놓이면 합리화의 방어기제를 사용한다. 강한 열등감에 휩싸인 희생양을 위로하고 싶다면 어린 자녀를 대하듯 그의 말과 행동에 자주 칭찬해 주길 바란다.

★ 더 발견하기

희대의 살인마로 잘 알려진 범죄자 유영철에 대한 이야기를 방송을 통해 본 적이 있다. 유영철이 고등학교 2학년 때의 일이었다. 그 당시 그는 같은 교회에 다니는 누나의 집에서 기타를 훔쳤다는 죄로 부모 손에 의해 경찰서로 넘겨졌다고 한다. 유영철은 하루만 사용하고 그 자리에 그대로 기타를 가져다 놓을 생각이었다고 한다. 그리고 자신은 어렸고, 지인들 사이에서 일어난 일이기 때문에 무죄 판결을 받을 수 있을 거라 믿었다는 것이다. 하지만 예상과 다르게 그에게는 유죄가 선고되었고, 그 순간 그는 주머니 속에 넣고 있던 나무 십자가를 부러뜨렸다고 한다. 이후 그는 사람에 대한 불신이 더욱 커졌고 복수심을 키웠다는 것이다. 그 내면에는 자신은 범죄자가 아닌 희생자라는 생각이 강하게 작용했던 것이다.

가족 내 희생양들은 마치 유영철처럼 결정적인 순간에 본인에게 유리한 선택을 해버리는 자기중심적 성향이 강하다. 그래서 주변의 상황을 고려하거나 타인의 마음을 읽어내는 감정이입이 어렵다. 그 마음속에는 억눌린 상처와 관심받지 못한 데서 시작된 외로움이 존재하며, 이렇게 과잉된 감정은 희생양으로 하여금 통제력을 빼앗게 된다.

내 힘으로는
어쩔 수 없는 일이야

셋째는 초이성적 행동 방식을 보이며 어떤 순간에도 감정에 치우치지 않는 '미아'라고 할 수 있다. 가정폭력이 일어날 때마다 마음이 불편하며, 그저 상황이 빨리 종료되기만을 기다린다. 어디에서나 주변 사람의 기분은 신경 쓰지 않고 처해진 상황만을 보고 묵묵히 일하는 사람이다. 이들은 화가 나도 적극적으로 상황을 바꾸려는 의지는 없다. 매순간 감정을 부정하며 살아가는 미아들은 딱딱하며 경직된 자세를 취한다. 본능적 욕구보다는 도덕적 기준과 규칙이 주된 대처 방식이다. 이렇듯 감정을 느끼고 표현하는 것에 미숙하다 보니 대인관계 능력이 떨어진다. 고통스러운 일을 겪어도 누군가와 상의하거나 함께 나누질 못해 내적인 고독감과 공허감이 크게 자리 잡고 있는 경우가 많다.

★ 더 발견하기

얼핏 보면 갈등의 상황을 싫어하고, 상황을 종료시키고자 애쓰는 평화주의자로 보일수도 있겠다. 하지만 그 문제 해결의 과정에서 자신이나 타인을 완전히 배제시킨 채 문제만을 해결하는 것에 초점을 두고 있기 때문에 서로의 마음이 다치는 것은 중요하게 생각하지 않는다. 부정, 합리화, 지식화와 같은 방어기제를 사용하기 때문에 죄의식 또한 민감하게 작용하지 않으며, 사람들로부터 '비인간적이다, 차갑다, 냉소적이다'라는 말을 듣기도 한다. 이들의 기준은 타인에게도 적용된다. 감정 표현이 잦은 사람과 함께하는 것에 불편함을 느낀다. 그러다 보니 자꾸 자녀를 키울 때에도 논리적이며 객관적인 규칙, 규범을 강조하게 된다.

7남매로 성장했던 지인이 들려준 이야기이다. 자신의 넷째 언니는 어린 시절부터 '천사'라는 별명이 따라다닐 정도로 착했다고 한다. 어느 날 텃밭에 분뇨를 뿌리려는 할머니와 아버지 사이에 작은 실랑이가 있었다.

"어머니, 굳이 이렇게까지 해서 텃밭을 가꾸지 않으셔도 돼요. 힘들고 냄새나는데 왜 자꾸 일을 만들어서 하려고 하세요. 매일 허리 아프다고 하시면서, 하지 마세요! 아셨죠?"

화가 나서 대문을 나가시는 아버지를 말없이 바라보고 서 계시던 할머니는 혼잣말로, "이걸 뿌려야지 또 키워서 뜯어 먹지. 걱정되면 지가 뿌려주든지 그러지도 않을 거면 말만 '어머니~어머니'

얼어죽을….”

그 당시 아버지와 할머니의 대화를 옆에서 지켜보고 있던 넷째 언니가 자리에서 일어나 뒷마당으로 가더라는 것이다. 그리고 이제 열두 살이 된 언니는 두엄더미로 가 기다란 삼지창으로 두엄을 찍어 양동이에 담아냈다는 것이다.

누가 시키지도 않았고, 크게 싸움으로 번질 일도 아니었기 때문에 언니의 이런 행동이 지인은 이해가 잘 되지 않았다고 했다. 단순히 아버지나 할머니에게 칭찬을 받기 위해서였을 것이라고 생각했다고 한다. 그리고 시간이 흘러 성인이 된 후에 그때 일을 언니에게 물어보았는데, 언니의 대답은 의외였다. 크게 문제 될 일은 아니었지만 그냥 할머니가 혼잣말 하는 게 듣기 싫었고, 결국 누군가 해야만 할 텐데 일을 하느라 바쁜 아버지보다는 자신이 하는 편이 낫겠다는 생각을 했다는 것이다. 이런 말을 하며 언니가 힘주어 강조한 말은 그저 자신의 마음이 편하면서도 가장 합리적인 방법을 택했을 뿐이지, 이 행동을 한 이유가 할머니를 위해서도 아버지를 위해서도 아니었다는 것이다.

무엇인가 보상을 받기 위함이 아니었다는 점은 누군가의 인정과 칭찬에 큰 동기를 부여 받는 영웅의 행동 패턴과 다른 부분이라 할 수 있다.

태양이 있는 동안 만큼은
나에게도 기회는 있다!
어둠이 있더라도 태양은 다시 떠오르기 때문이다.
나는 오늘도 태양을 향해 힘차게 나아갈 것이다.

- 진교소(목사)

지친 마음에
말 걸어주기

넷째는 그저 빨리 가정폭력의 시간이 지났으면 하고 바라는 마음뿐이다. 그 상황을 이해하기보다는 도피하는 방법으로 게임이나 TV 시청 등에 집중하기 시작한다. 마음속으로는 어머니가 걱정되고, 현재 자신의 처지가 불안하고 슬프지만 행동과 감정을 일치시키지는 않는다. 우리는 이것을 가족 내 '마스코트'의 역할을 하는 사람이라고 한다. 항상 유쾌하며 과장된 행동을 하는 애니메이션의 마스코트 캐릭터를 떠올린다면 이해가 빠를 것이다.

물론 마스코트가 유머나 승화와 같은 건강한 방어기제를 쓸 수만 있다면 문제될 것은 없다. 하지만 대부분의 마스코트는 부정이나 회피와 같이 문제의 주제로부터 도망치려 하는 대처방식을 택한다. 그리고 이러한 상황에 반복적으로 노출될 경우 점점 무뎌져

★ 더 발견하기

자신의 내면 깊숙이 있는 연민, 불안, 걱정, 슬픔과 같은 진짜 감정은 느끼지 못한 채 표면으로 드러난 과장된 긍정을 자신의 감정이라고 착각하기도 한다. 그리고 상황이 종료되면 바보처럼 웃고 있는 자신의 모습을 발견하며 느끼는 공허감으로 인해 외로움과 고독감이 증폭되기도 한다. 또한 타인의 관점에서 봤을 때 마스코트의 모습은 진중하지 못하며, 문제 해결의 능력도, 생각도 없어 보인다. 쉽게는 아직 철이 들지 않은 아이 같다는 오해를 할 수도 있다.

아래는 가족 안에서 흔하게 나타나는 네 명의 인생태도를 간단하게 정리한 것이다. 이것은 스트레스의 상황과 같은 고통스러운 인생의 고비를 만날 때 문제해결과 대처 방식을 만드는 기준이 되기도 한다.

	나	너	상황
영웅	×	○	○
희생양	○	×	×
미아	×	×	○
마스코트	×	×	×

가족 내 영웅, 희생양, 미아, 마스코트 역할을 하는 사람들은 공통된 네 가지 특정을 가지고 있다.

첫째, 낮은 자존감이다.

둘째, 서로 간의 소통이 진실하지 못하다는 점이다. 겉으로 표출된 행동에만 집중하며 서로의 드러나지 않은 감정을 읽는 것이 매우 서툴다.

셋째, 가족 내 기초 규범이 되는 가족규칙이 매우 엄하다.

넷째, 책임을 전가하는 속성을 보이기도 한다.

놀랍게도 이러한 가족 내 역할은 내가 놓인 장소나 함께하는 사람들이 가족이 아닌 타인으로 바뀔 경우에는 자신이 가진 기본적인 기질 즉, 성격이나 행동유형으로 나타나는 문제를 자각하지 못한다는 점이다. 가족 안으로 들어왔을 때야 비로소 영웅, 희생양, 미아, 그리고 마스코트가 보이기 시작한다.

상처에 억눌린 자신과 더불어 가능하다면 배우자의 마음속에 있는 지친 아이까지도 안아주길 바란다. 왜 내 배우자가 지나칠 정도로 집안일에 강한 책임감을 가져야 했는지, 또는 자존감이 낮아 모든 것에 누군가를 탓하기를 일삼았는지 이해해줄 수 있기를 바란다. 잘못을 지적하고 비난하기보다는 가족의 역할 안에서 힘들었을 나와 배우자의 마음에게, "잘 이겨내 줬구나. 고맙다"라고 말을 걸어주길 바란다.

중요한 것은 단절이나 가족 역할 모두 현재 우리가 그것을 바로잡고 싶다면 얼마든지 건강한 소통적 가족의 모습으로 돌릴 수 있

★ 더 발견하기

다는 것이다. 과거를 수용하고 현재 우리가 되고 싶은 모습에 집중하길 바란다. 그리고 행동으로 실천하면 되는 것이다.

    1. 인정의 말 자주 해주기.

    2. 하루 한 번 식사 함께하기.

    3. 서로의 장점을 적어보고 칭찬하기.

    4. 하루 한 번 포옹하기.

    5. 가족 규칙 점검하고 가능성 열어두기.

가족 구성원에게 자주 사용하는 칭찬 표현	
우리 가족 장점 (강점)	남편: 아내: 자녀 1: 자녀 2: 자녀 3:
'~해야만 한다' 우리 가족 규칙	

수용하기

위로가 필요한
이들을 위한
처방전

'왕'도 피해갈 수 없는
마음의 상처

아빠에 대해 10점 만점 중 몇 점을 줄 수 있냐는 질문에 성인이 된 딸은 망설임 없이 3점이라고 대답한다. 2015년 설 명절 연휴동안 특집으로 방송되었던 '아빠를 부탁해'라는 프로그램에 출연한 중견 탤런트 부녀의 이야기이다. 담담한 표정으로 인터뷰를 하던 딸은 고등학교 1, 2학년 때까지 쭉 아빠가 미웠다고 말한다. 뭔가 특별히 그런 생각을 하게 된 사건이 있었는지를 묻는 제작진의 질문에, "그런 건 아니지만 아빠가 일 좀 그만하고, 우리랑 함께 지냈으면 좋겠다는 생각을 했어요"라고 답했다.

딸의 속마음은 아빠와의 대화에서도 다시 나타나는데, "아빠는 잘 안 보이고, 다른 집 아이들은 아빠가 바빠도 놀아주고 일주일이나 한 달에 한 번씩은 놀아줬는데 우리 집은 그러지 못했잖아"

라고 말한다. 이것은 트라우마를 주는 충격적인 사건을 경험해서라기보다는 충족되지 못한 아빠의 사랑에 대한 결핍에서 오는 상처라고 할 수 있을 것이다. 우리가 흔히 외상 후 스트레스 또는 트라우마라고 하는 것은 학대나 폭행, 몸을 다치는 사고 등과 같은 생명에 위협을 느낄 만한 직접적인 원인이 된 사건의 경우를 말한다. 하지만 보통의 사람들이 일상에서 흔히 경험하는 상처는 부족함에서 오는 결핍의 상처가 더 빈번하게 일어난다고 할 수 있다.

2012년 여름, 국내에 있는 조선왕릉 40기가 유네스코 세계문화유산에 등재되었다. 평소 역사에 관심이 많았기에 더욱 자랑스러웠다. 그 길로 조선왕릉에 관한 책을 샀는데, 지금까지 미처 알지 못했던 왕릉에 얽힌 이야기들이 마냥 흥미로웠다. 그중 드라마와 영화의 소재로 가장 많이 작품화 되었던 숙종과 그의 여인들이 잠든 서오릉의 이야기는 놀랍기까지 했다. 특히 홍릉의 이야기를 빼놓을 수 없을 것 같다.

고양시에 터를 잡은 서오릉 경내에는 홍릉이 있다. 홍릉은 영조 임금의 원비 정성왕후의 단릉(하나의 묘)이다. 그런데 이곳은 원래 쌍릉(왕과 왕후를 모신 두 개의 묘)의 자리였다. 국내에 있는 조선왕릉 40기 중 유일하게 능침의 오른쪽 자리가 비어 있는 곳으로 그 오른쪽은 본디 영조 임금의 자리였다고 한다. 영조는 살아생전 도성 서쪽을 좋아했는데 이곳에 아버지 숙종이 잠든 명릉과 어머니

(숙빈 최씨)가 잠든 소령원이 있었기 때문이다. 그러나 홍릉의 정성 왕후 곁에 묻히고 싶었던 영조의 꿈은 끝내 이루어지지 않았다. 영조 뒤를 이어 왕위에 오른 정조가 도성 서쪽과는 정반대되는 동쪽인 동구릉 경내의 원릉에 영조의 장사를 지냈기 때문이다. 정조가 선택한 원릉은 원래 효종이 묻혔던 곳인데 물이 고인다는 상소가 올라오면서 효종의 묘는 여주로 천장되었는데, 이것을 이유로 최초 왕릉을 봉릉했던 이들이 처벌받았을 만큼 흉지였다. 왜 하필 정조는 이런 곳에 할아버지인 영조를 모셨을까? 아마도 정조는 아버지 사도세자를 뒤주에 가둬 죽게 만들었던 할아버지가 밉고 원망스러웠던 것이 아닐까? 그 미움을 영조가 죽은 후 소심하게 복수한 것은 아닌지 하는 생각이 들었다. 실제 영조임금을 모실 묘지를 정할 때 신하들이 서쪽을 추천했으나 정조는 '내가 알아보니 동쪽에 아주 좋은 명당이 있던데 그곳으로 정하는 것은 어떻겠습니까?'라고 물었고 그 의중이 너무도 확고하여 아무도 반대할 수가 없었다고 전해진다.

어린 정조는 아버지의 죽음으로 마음의 큰 상처를 갖게 되었을 것이다. 하지만 그가 처한 환경은 마음놓고 상처를 치유할 수 있는 곳이 아니었다. 그렇게 정조는 상처를 억압하고 살았을 것이다. 그 후 타인을 신뢰하지 못했던 정조는 자신의 생명을 위협해 오는 여러 상황들로 인해 극심한 불안을 느꼈고, 그로 인한 스트레스에 시달렸다는 것은 모두가 아는 사실이다.

만약 그 시절 어린 정조의 마음을 위로하고 공감해 주는 사람과 치유의 과정이 있었다고 가정해 보자. 아마도 정조는 불안과 두려운 마음을 내려놓고 안정감을 찾을 수 있지 않았을까. 그리고 균형 잡힌 감성을 통해 오늘날 우리의 삶에 큰 변화의 발판을 만든 더 훌륭한 임금으로 기록되지 않았을까? 참 아쉽고 안타까운 부분이다.

왕권 다툼이 많았던 과거야 그럴 법도 하지만 현대인의 스트레스는 왜 이렇게 점점 높아만 가는 것일까? 그 이유 중 하나는 바로 미래를 '예측할 수 없다'에서 발생하는 불안감에서 온다. 방금 전까지 전혀 예상하지 못했던 사건, 사고들과 치열한 경쟁 속에서의 좌절과 상실의 경험이 빈번하게 발생하기 때문이다. 일련의 사건들을 합리적으로 대처하기 위해서는 우선 누구나 불안한 인생을 살아가고 있다는 것을 받아들이는 것부터가 성숙한 자세의 출발이다.

학문적으로 볼 때 불안에는 누구나 느끼는 '정상적인 불안'과 '병적인 불안' 두 종류가 있다. 갑자기 회사가 부도나 실직을 당해 수입이 없는 터에 몸이 아파 병원에서 치료를 받아야 하는데 어린 자녀를 돌봐 줄 사람조차 없다면 걱정되고 불안할 수밖에 없다. 이것은 '정상적인 불안'에 해당한다. 이런 불안이 생길 때는 혼자서 해결할 수 있는 것과 그렇지 못하는 것을 분리하고, 타인에게 도움을 청한다거나 상황에 맞는 대처를 해야 한다. 반대로 독감 진단을

★ 수용하기

받고 약을 처방 받았을 뿐인데 죽음까지 걱정한다면 이것은 '병적인 불안'에 속한다.

'병적인 불안'은 왜 생기는 것일까? 바로 사실을 왜곡시켜 부정적인 측면을 지나치게 확대 해석하는 잘못된 인식에서부터 출발하는데 주로 열등감이 강한 사람들에게서 나타나는 현상이다. 열등감이 강하다는 것은 반대로 자기 가치를 인정하는 자존감이 낮다는 것과 같은 맥락이다. 이는 어린 시절 겪었던 상한 감정의 상처에서 비롯되는 경우가 많다. 어린 시절 공공장소에서 대소변을 가리지 못하고 실례를 했거나, 동생이나 친구의 얼굴을 할퀴었거나, 학원에 가기 싫어 거짓말을 했거나 하는 등의 실수나 잘못에 대해 부모나 선생님으로부터 합리적인 꾸중을 들은 아이는 성장해서 자기를 비난함에 있어서도 합리적인 데 반해, 비합리적인 대우, 즉 지나치게 비난을 받았거나 폭력이 가해졌던 아이는 자기 비난의 소리에 비합리적이고 자학적인 경향을 보인다. 과거의 절망과 상실의 기억으로 인해 현재에 대한 만족감까지도 떨어지며, 이는 다시 미래에 대한 불안으로 연결된다.

지난날의 아픈 기억,
이제 그만 안녕!

　중년의 지인이 들려준 이야기다. 대학생이 된 아들은 아직도 아버지와 이야기를 할 때면 자신의 생각을 똑바로 전달하지 못하고 주눅이 들어 있다는 것이다. 그런 아들의 모습이 안타까웠던 그녀는 아들에게 이유를 물었는데 아들의 대답에 충격을 받았다고 한다.

　초등학교 때 일어난 어떤 사건이 발단이었다. 어느 날 아들은 학원에 가지 않고 집에 있었는데 이 모습을 본 아버지가 아들을 추궁했다고 한다. 그런데 아들이 사실대로 이야기하지 않고, 학원 선생님의 개인 사정으로 수업을 하지 않는다는 거짓말을 해버렸다. 이에 화가 난 아버지는 회초리로 아들의 손바닥을 때리기 시작했고, 그런 아버지가 무섭고 손바닥이 아팠던 아들은 밖으로 도망쳐 버

★ 수용하기

렸다는 것이다. 더욱 화가 난 아버지는 그 자리에서 일어나 아들을
쫓기 시작했고, 동네 사람들이 보는 앞에서 아들을 강제로 잡아서
집까지 끌고 왔다는 것이다. 그 과정에서 아들은 아버지에 대한 공
포와 두려움이 커졌던 것이다. 그리고 그 공포심은 10년이 훌쩍 지
났지만 아버지의 언성이 높아지거나 표정이 어두워질 때면 그때
의 감정이 되살아나 사고(思考)와 행동을 멈추게 된다는 것이었다.

파에톤 콤플렉스Phaethon Complex라는 것이 있다. 파에톤 콤플렉
스란 부모가 사랑과 관심을 쏟지 않으면 아이는 스스로에 대해 '나
는 부모에게도 인정받지 못했다'라는 부정적인 인식을 갖게 되는
데, 이런 아이는 자라면서 부모나 타인에게 인정받기 위해 수단과
방법을 가리지 않는 강박증을 일으킨다. 우리는 이것을 쉽게 애정
결핍으로 인한 행동이라고 이야기한다. 이렇듯 어린 시절 부모와
충분한 애착관계를 형성하지 못한 아이들은 늘 불안해하고, 스스
로에 대해 자신감을 갖지 못한다.

이것은 긍정심리학의 석학인 마틴 셀리그만Martin E. P. Seligman
의 무력감에 대한 실험으로도 설명할 수 있다. 실험은 개를 상대로
두 그룹으로 나눠 1단계를 진행한 후 변형된 2단계를 진행하는 형
식이다. 1단계는 A(코로 버튼을 누르면 전기충격이 멈춤)와 B(전기충격을
멈출 수 없음)그룹으로 나누어 강하지 않지만 불편하고 신경 쓰이는
정도의 인위적인 전기충격을 주는 것이었다. 이렇게 1단계 실험을
마친 뒤 두 그룹의 개를 섞었다. 2단계 실험은 한쪽 방은 여전히

누군가를 이끈다는 것,
편하게 따라가 주는 것이다.
― 이명선(중소기업글로벌리더십센터)

©이명선

148

★ 수용하기

전기가 통했고, 한쪽 방은 통하지 않도록 했다. 그리고 두 방 모두 개들이 충분히 뛰어 넘을 수 있는 높이의 칸막이를 설치해 놓았다. 전기충격이 불편할 경우 칸막이를 뛰어넘으면 피할 수 있도록 한 것이다. 1단계 실험에서 A그룹에 있던 개들은 칸막이를 뛰어넘었으나 B그룹에 있던 개들은 그대로 머물렀다.

이 실험에서 의미하는 바는 노력해도 고통을 피할 방법이 없다는 사실을 경험한 사람은 나중에 비슷한 상황에 처하게 되면 고통을 피하려고 노력하기보다는 참는 쪽을 택한다는 것이다. 또한 실패와 좌절을 지속적으로 경험하면서 '나는 할 수 없어'라는 무력감을 느끼게 되어 변화조차 시도하지 않는다는 것이다. 어린 시절 부모로부터 감정적 공감을 받지 못하고 비난과 질책을 반복적으로 경험한 사람은 이 실험실의 개처럼 상황을 극복하고자 노력하는 자세를 갖추기가 어려워진다.

내가 주최했던 세미나에 참석한 한 여성의 이야기다. 사귄 지 꽤 오래된 남자친구가 있는데 섣불리 결혼 이야기를 꺼낼 수가 없다고 했다. 이유는 지금의 남자 친구를 만나기 전 교제했던 남성이 자신의 친한 동료와 자신 몰래 만남을 가졌던 일이 있었고, 그래서 불가피하게 이별을 해야만 했다고 한다. 그 여성은 남자친구와의 이별의 원인을 자신의 부족함 때문이라고 생각하고 있었다. 그런 이유로 지금의 남자친구 또한 자신을 언제 버릴지 모르기 때문에 결혼 이야기를 꺼낼 수 없다는 것이다.

이 여성은 사람에게 거절과 거부를 당하는 것에 큰 불안감과 두려움을 가지고 있었는데 어린 시절의 이야기를 듣고 나자 그 이유가 명확해졌다. 어린 시절 부모님은 아들을 간절히 원했고, 자신의 남동생이 태어나자 자신과 언니는 그야말로 찬밥 신세가 되었다고 한다. 집안 형편이 어려운 것이 아닌데도 불구하고 부모님은 남동생에게만 도시락을 싸주거나 남동생이 원하는 것만 사주는 등 부모님으로부터 차별을 받았다. 어린 시절 부모와 충분한 애착관계가 형성되지 못했던 이 여성은 부모로부터 버림받을까봐 불안해했고 자존감에도 손상을 입게 된 것이다. 그녀에겐 부모가 남동생을 바라봐주는 만큼 나도 좀 바라봐주셨으면, 인정하고 칭찬해주셨으면 하는 여러 가지 바람이 있었을 것이다. 하지만 그것이 채워지지 않음으로써 결핍의 상처가 남게 된 것이다.

우리가 흔히 상처라고 하는 것은 심리학에서는 다음과 같이 직접적인 외상이 가해지는 Bad-Trauma와 충족되지 않은 결핍으로부터 만들어지는 Absence-Trauma로 구분한다.

	직접적인 상처 (Bad-Trauma)	결핍이 만들어 낸 상처 (Absence-Trauma)
신체적 측면	· 폭행 · 손을 뿌리침 · 몸을 밀쳐냄 · 노려봄	· 스킨십이 없음 · 토닥여주지 않음 · 한 번도 손을 잡아 주지 않음
정서적 측면	· 비난의 말, 욕설 · 거절과 거부 · 탓하는 소리를 많이 들음 · 무시, 멸시	· 인정받지 못함 · 격려받지 못함 · 기다려주지 않음
성(性)적 측면	· 성추행 · 성폭행	· 남, 여 구분 없는 옷차림 · 머리를 묶어 준 적이 없음

이 중에는 그저 우리가 흔하게 하는 말과 행동이 포함되어 있다. 이것은 성인이 되어서까지 그 사람의 고통에 적응하는 대처 방식으로 연결된다는 점에서 매우 중요하다.

말을 못하는 유아기 때부터 아이와 엄마는 비언어적인 소통을 한다. 엄마가 아기와 눈을 맞추고 활짝 웃어준다거나, 볼을 비비거나 하는 신체적 자극을 주면 아이는 기분 좋고 평화로운 감정이 생기면서 '사람들은 나를 좋아하는구나'라는 정서적 만족감을 느끼게 된다. 이런 교감의 단계를 통해 아이의 자존감이 형성된다.

반대로 아이가 엄마의 품을 파고들었을 때, "엄마 지금 바쁘니까 저쪽으로 가서 놀아"라며 외면을 경험한 아이는 '남들도 엄마처럼 나를 싫어할 거야'라며 무의식중에 낮은 자존감을 키우는 원인이 됐을 것이다. 그리고 그 상처의 기억은 성인이 되어서도 타인으로부터 거절 또는 거부되는 상황에 놓이는 것을 싫어하고, 못 견디는 불안 심리를 파생시키는 것이다.

엄마가 아기와 눈을 맞추고 활짝 웃어준다거나,
볼을 비비거나 하는 신체적 자극을 주면
아이는 기분 좋고 평화로운 감정이 생기면서
'사람들은 나를 좋아하는구나'라는 정서적 만족감을 느끼게 된다.
이런 교감의 단계를 통해 아이의 자존감이 형성된다.

★ 수용하기

상처가 인생에
도움이 될 수도 있다

 성장의 기억 속에 상처가 있는 사람은 감성적 회복이 불가능한 것일까? 한 연구에 의하면, 자존감이 낮은 사람들의 상당수는 치유가 가능하다고 한다. 가족과 주변 사람들이 가치를 인정해주고 소중하게 여겨준다면 '자기 이미지'가 수정되어 자존감을 회복하게 된다는 것이다. 작은 실수로 위축된 아이에게 "똑바로 크게 자신 있게 말해라" 하며 채근하는 것이 아니라 "많이 속상했지? 그렇지만 혼자서 이렇게까지 해낸 것으로도 엄마는 네가 자랑스럽단다. 그리고 기회는 또 올 테니 그때는 더 철저하게 준비해 보도록 하자"로 지지와 격려를 해준다면 상처는 치유되고 낮은 자존감 또한 회복할 수 있을 것이다. 청소년이나 어른이 된 후에도 환경의 영향으로, 또는 단 한 사람의 영향으로도 마음의 상처가 회복되어 건강한 감성을 회복하는 경우도 적지 않다. 자존감의 회복은 온 삶을 통해 자신의 노력 여하에 의해 서서히 이루어지기도 한다.

그렇다면 나를 고통스럽게 했던 어린 시절의 충격적인 사건, 또는 결핍에 의한 상처는 내 인생에 도무지 아무런 도움이 되지 않는 것일까? 답은 '꼭 그렇지만은 않다'이다. 때로 결핍의 상처는 스스로 부족한 부분을 채우기 위해 끊임없이 노력하는 동기부여가 되기도 한다. 가난한 유년시절을 보낸 사람이 공부에 매진한다거나, 사람들로부터 관심을 받지 못했던 사람이 발명품을 개발하거나 하는 것이 이에 속한다. 대표적인 인물로《공부가 가장 쉬웠어요》의 저자 장승수 변호사를 꼽을 수 있을 것이다.

그는 초등학교 6학년 때 부친이 사망하면서 힘겨운 어린 시절을 보냈다. 고등학교 졸업 후에는 막노동, LPG 가스통 배달, 택시운전 등을 하며 공부해 5수 끝에 1996년에 서울대 법대에 수석으로 합격해 화제를 모았다. 모든 것이 부족한 결핍의 환경에서 힘겹게 살아가던 어느 날 '성공하고 싶다. 그래서 이런 삶에서 벗어나고 싶다'는 생각이 들었고, 그 돌파구로 공부를 택했다는 것이다. 꼭 경제적인 결핍이 아니더라도 어린 시절 장애를 가지고 있어 친구들에게 놀림을 받았던 사람이 '내가 커서 너희들보다 더 많이 성공해서 그 콧대를 꺾어줄 거야'라고 다짐했다면, 그래서 성공을 위해 인내하고 참아내는 오기를 발휘할 수 있다면 이것 또한 결핍을 충족시키기 위해 형성된 동기라 할 수 있겠다. 이와 같이 결핍은 자

154

★ 수용하기

신의 목적을 더욱 구체적으로 만드는 동력이 된다.

그렇다면 인생을 살아가며 나와 너에게 상처를 만들지 않기 위해, 또는 상처가 되었던 과거를 극복하기 위해 일상에서 쉽게 실천할 수 있는 방법에는 무엇이 있을까?

우선 신체적인 측면에서 자주 스킨십을 해주는 것이 좋다. 손을 잡아주거나, 하루에 한 번 안아주기, 머리 쓰다듬어 주기, 눈 맞추고 이야기하기 등이 있다. 신체의 스킨십은 단순히 신체적인 부분에 머무르는 것이 아니라 접촉을 통해 정서적인 부분에도 좋은 영향을 미칠 수 있다.

정서적으로는 감정을 표현하고 읽어주는 훈련이 필요하다. 상대방이 '짜증, 비난, 남 탓, 포기, 좌절'을 이야기 할 때도 '별 것 아니야. 뭐 그런 일로 울고 그래. 그렇게까지 슬퍼할 필요가 있어?'라며 감정을 무시하거나 축소시키지 않도록 해야 한다. 혹은 '뚝 그치지 못해! 계속 울면 망태 할아버지 불러서 데려가라고 할 거야'하는 식으로 부정의 감정을 느끼는 것을 억압하는 것도 좋지 않다.

"잘하고 싶었는데 원하는 대로 되지 않아 속상했구나", "너무 긴장되고 초조해서 눈물이 나왔구나"라며 상대방의 감정을 인정하고 공감한 후 "다음에 또 긴장될 때는 숨을 크게 들여마시고, 준비했던 부분을 실수하지 않게 한 번 더 연습하는 건 어떨까?"로 행동에 한계를 만들어주면 된다.

마지막으로 성적인 측면에서는 자신의 몸을 소중히 여길 수 있

꽃은 사람들에게 아름다움과 좋은 향기를 선물하듯이,
나 또한 딸에게 아름답고 안전한 세상을 선물해주고 싶다.
아이가 좋아하는 꽃밭에서 마음 편히 뛰어놀 수 있는
그런 세상을….

- 임범수(경찰)

는 근거를 마련해주는 것이 중요하다. 어린아이라고 해서 타인들이 모두 지켜보는 가운데 옷을 탈의시키거나, 귀엽다는 이유로 성기를 보며 놀린다거나 하는 일들이 일어나지 않도록 주의해야 한다.

그런데 이런 감정코칭의 중요성을 설명하면 오히려 부모들의 근심은 커져만 간다. 알고 있지만 간혹 자신의 감정이 과잉될 경우에 이 간단한 행동과 말들이 통제되지 않고 "엄마가 또 그러면 가만두지 않는다고 했어? 안 했어?"라는 등의 상처가 될 수 있는 말과 행동을 해버린다는 것이다. 그리고 곧바로 '나는 엄마 자격도 없다. 내가 그럼 그렇지'라는 자책과 함께 육아에 자신감을 잃고 오히려 부모의 자존감을 해치는 생각들을 하게 된다는 것이다. 우리가 기억해야 할 것은 상처의 예방으로부터 완벽을 실천하라는 것이 아니다.

감정코칭 분야의 최고 권위자인 존 가트맨 박사는 약 40퍼센트만 제대로 감정코칭을 해주어도 아이의 자존감에는 상처를 주지 않는다고 했다. 그러니 아이가 감정을 보일 때마다 매번 감정코칭을 해야 한다는 부담감을 가질 필요는 없다. 또, 이러한 감정코칭은 단순히 아이에만 국한되는 것이 아니라 성인에게도 위로와 용기를 선물할 수 있다는 점도 명심해야 할 것이다.

● 〈존 가트맨의 감정코칭 5단계〉

1단계: 감정을 인식하는 단계

2단계: 감정적 순간을 좋은 기회로 삼겠다는 다짐의 단계

3단계: 감정을 경청하고 공감하는 단계

4단계: 감정을 표현하도록 도와주는 단계

5단계: 문제를 해결하도록 행동을 이끌어주는 단계

★ 수용하기

안 되는 것과 못하는 것
인정하기

　기원전 4세기경에 활약한 마케도니아의 국왕 알렉산더 대왕과 고르디우스의 매듭에 얽힌 유명한 이야기가 있다. 기원 전 프리지아라는 나라가 있었는데, 이 나라의 신전에는 과거 국왕이었던 고르디우스가 전차 한 대를 멍에에 복잡하고 단단하게 묶어 두었다. 고르디우스 왕은 자신이 묶어 둔 이 매듭을 푸는 자야말로 아시아의 왕이 될 것이라고 예언을 했고, 그 후 많은 사람들이 이 매듭을 풀어보려고 도전했지만 아무도 풀지 못했다. 결국 이 매듭은 영원히 풀리지 못할 '고르디우스의 매듭'으로 불리기 시작했다. 그런데 그 후로 약 300여 년이 흐른 어느 날 페르시아를 정복하고 동쪽으로 전진하던 알렉산더 대왕은 이 전설을 듣고 그 신전으로 가서 단단하게 묶인 매듭을 보자마자 단칼로 끊어버렸다. 그리고 이렇게 말했다.

"운명이란 전설에 의해 결정되는 것이 아니라 스스로 개척하는 것이다."

우리에게는 이처럼 꼬리를 물고 나를 괴롭히는 것들을 지체 없이 과감히 잘라낼 수 있는 용기가 필요하다. 그러나 나는 마음의 상처에 관해서는 끊어내는 것보다 더 좋은 것이 바로 '수용'이라고 생각한다.

상처를 극복하는 것보다 현명한 방법은 상처를 주지 않도록 노력하는 것이다. 이것은 일상에서 서로의 감정표현에 즉각적으로 반응하고, 비난하지 않는 것에서부터 시작된다.

나는 시간이 허락하는 한 가급적이면 아침마다 아이가 유치원 등원 버스를 탈 때 배웅을 하려고 노력한다. 등원버스에 올라탄 아이는 안전벨트를 맨 후 어김없이 밖에 서 있는 나에게 두 팔을 머리 위로 올려 하트를 만들고 두 손을 입술에 댄 후 팔을 벌려 나를 향해 뽀뽀세례를 해준다. 그러면 나는 버스가 출발할 때까지 자리를 뜨지 않고 아이와 똑같은 제스처를 취하며 마음껏 교감해준다. 같은 장소에서 여러 명의 아이들이 등원 버스를 타지만 나와 우리 아이만 유난스럽게 그런 행동을 한다. 나중에 들어보니 나뿐만 아니라 할머니나 아빠가 배웅을 할 때도 우리 아이는 같은 동작을 취한다고 한다.

나는 아이를 키우며 최대한 감정 표현을 하는 것에서만은 자유를 보장하려 애쓴다. 말을 하고 자신의 생각을 표현하기 시작하면서 아이는 감사하게도 상황마다 자신이 느끼는 감정을 우리 부부에게 말해준다. 마음이 불안한지, 초조한지, 화가 나는지, 속상한지 아이는 어려워하지 않고 표현한다. 이런 아이의 감정 표현에 부모는 너그러워져야 하며 거부하지 않고 인정해줘야 한다. 그것이 바로 상처로부터 나와 타인을 보호하고, 극복하는 방법이라고 생각한다.

그럼에도 때로는 상처의 찌꺼기가 마음에 남아 트라우마가 되어 발목을 잡아당기는 경우가 있다. 이때 좋은 치유의 방법은 '자기수용'과 '자기공감'을 통한 위로이다. 나는 사실 자기긍정이라는 말보다 자기수용이라는 말을 더 가치 있게 생각한다. 자기수용이란 할 수 없는 상황에서도 '난 할 수 있어', '나는 나를 믿어'를 외치는 무조건적인 자기긍정과는 다르다. 하지 못하는 것과 할 수 없는 것을 제대로 파악하고 그것을 꾸밈 없이 받아들이는 것이다. 그리고 할 수 있는 내가 될 때까지 계속 시도해 보는 것이다. 쉽게 설명하자면 채용 면접에서 계속 떨어지는 자신에게 '이번에는 운이 나빴던 것뿐이야. 진짜 실력자를 알아봐주는 회사가 있을 거야'라는 말을 들려주는 것이 자기긍정이라면, 반대로 채용 면접에 계속 떨어지는 자신을 그대로 받아들이고, 합격하기 위해서 셀프 카메라를 통해 자세를 모니터링 하는 등의 실질적인 해결방법을 찾는 것이 자기수용이다. 나의 모습 그대로를 수용할 수 있는 사람만이 건강한 형태의 자기긍정의 보호막을 사용할 수 있게 된다.

인생에서 뜻하지 않은 실패와 좌절을 경험하는 순간, 우리의 내면에서는 '괜찮아'라는 자기 공감 또는, '내가 하는 일이 그렇지 뭐' 등과 같은 자기 비난의 말이 무의식적으로 튀어나오곤 한다. 이 가운데 자기 비난이 강한 사람들은 불안을 더 심하게 느끼고 극단적인 선택을 하기 쉽다.

삶의 실패와 좌절을 극복하기 위해서 가장 중요한 것은 '회복력'이다. 이것은 마치 바닥에 떨어뜨린 공이 튀어오르는 탄력성과 같다. 회복력이 높은 사람은 감정과 충동조절이 탁월하며, 매사 긍정적이고, 새로운 것에 도전하기를 두려워하지 않는다. 그리고 좋은 인간관계를 통해 인정과 지지를 충분히 받음으로써 자존감이 향상되고, 이것은 다시 불안감을 감소시키는 큰 힘으로 작용한다.

나는 지난 3년간 무료 힐링 캠프와 감정코칭 세미나에서 크고 작은 마음의 상처 하나씩은 가지고 있는 사람들을 만났다. 많은 참가자들이 치유되지 않은 고통의 시간을 떠올려 밖으로 표출하고 그것을, '괜찮다. 그 정도면 잘한 거야'라고 스스로를 긍정할 때 타인이 해주는 위로보다 더 큰 위로를 받고, 자존감이 회복되는 과정을 여러 번 지켜보았다. 모두가 억누른 감정의 뚜껑이 열리는 카타르시스를 느끼는 것 같았고, 적어도 자책했던 건강치 못한 생각을 내려놓을 수 있게 되었다.

가뜩이나 추운 날씨로 몸도 마음도 잔뜩 웅크린 사람들.
그들과 함께 나누는 따뜻한 밥 한 그릇은
세상을 살아가는 힘이 됩니다.

— 김선규(신문사 편집인)

ⓒ김선규

내 마음 속 이야기를
들어줘

2005년 5월 5일, 눈이 부시게 아름다운 그날, 우리 가족이 모두 모였다. 온기가 점점 식어가는 아빠의 손을 꼭 부여잡고 흐느끼는 목소리로 언니가 이렇게 말했다. "아빠 다음 생에도 우리 아빠가 돼주세요, 아빠 사랑해요." 이제 정말로 아빠를 떠나보내야 하는 시간이 된 것이다. 10년 전인 1995년 3월 6일, 아빠의 몸 여기저기에 이름도 용도도 모를 기계 장치들이 덕지덕지 붙어 있는 모습을 보았을 때 나는 아빠가 어느 날 갑자기 내 곁을 떠날지도 모른다는 생각을 했었다. 담당의사는 아빠의 상태에 대해 아주 비관적으로 말했고, 정말로 아빠는 정상적으로 말을 하지도 몸을 움직이지도 못했고, 10년이 지난 후에도 여전히 말을 하지 못하셨다. 나는 그 긴 시간을 지내면서 아빠가 눈을 감기 전 딱 한 번만 내 이

★ 수용하기

름을 불러줬으면 좋겠다고 생각했다. "정연아~ 우리 막둥아~!"라고 말이다.

2013년 11월 27일, 호서대 벤처전문 대학원 카페에서 의미 있는 행사가 시작되었다. 아프리카 남수단의 작은 마을 톤즈로 보내는 기부 물품과 기부금을 만들기 위한 소스(소통+스트레스)나눔 토크였다. 행사가 끝이 날 무렵 나는 18년 동안 봉인해 두었던 마음 속 부끄러운 나를 세상 밖으로 꺼내놓게 되었다. 그동안 스무 살의 나를 잊고 살았는데, 아니 정확하게 내 인생의 필름 일부분을 지울 수 있다면 깨끗이 삭제해 버리고 싶을 정도로 이 사건에 대해 '억압'의 방어기제를 사용하고 있었다. 난 2013년 11월 27일 어두운 구석에 쪼그려 앉아 18년 동안 흐느껴 울고 있는 나를 처음으로 안아주었고, 그 순간 심장이 곤두박질치는 소리와 함께 주체할 수 없는 눈물이 볼을 타고 흘러내렸다. 그날 내가 나에게 썼던 편지이다.

스무 살의 정연이에게…

아빠가 너 때문에 다치고, 아픈 10년을 사셨다고 생각했지?

얼마나 아프고 힘들었니? 이제 괜찮아.

많이 울었고 사죄했고 또 넌 누구보다 더 열심히 학교를 다녔잖아.

아빠는 분명히 그런 네가 대견했을 거야.

그리고 열심히 살아줘서 고맙고 행복하셨을 거야.

세 번의 뇌수술을 잘 이겨내 주시고, 의사들이 힘들 거라 했지만 아빠는 부분적으로 손을 쓰기도 하셨고, 간단한 의사표현도 하시게 되었잖아.

그렇게 극복하고 잘 이겨내 준 아빠를 항상 기억하며 살아가자.

아빠도 그런 모습을 보실 때 하늘에서 행복하실 거야.

네 잘못이 아니야. 괜찮아. 그냥 사고였어. 이제 그만 울어도 돼. 아직도 자책하며 힘들어하는 모습을 아빠도 원치 않을 거야.

누구보다 사랑했던 아빠가 다치셔서 넌 슬펐던 거야.

그리고 아빠가 예전처럼 건강을 회복하길 바랐던 거야.

넌 아이처럼 그저 엉엉 울고 싶었을 거야.

이제 그만 마음의 짐을 내려놓고 편안해져도 돼.

괜찮아! 정연아. 사랑한다! 손정연

자신의 상처와 아픔을 치유하기를 원한다면 나 자신을 수용하는 단계를 반드시 거쳐야 한다. 자기공감self empathy은 다른 사람에게 공감할 때와 똑같이 연민과 관심으로 자신 내면의 이야기를 들어주고 수용하는 것이다. 나 또한 그동안 자기공감의 시간이 부족했던 것이고, 이를 계기로 인생의 길목마다 한 번씩 멈춰 서서 나를 위로하는 자기 공감의 시간을 갖는 것이 얼마나 중요한가를 깨닫게 되었다.

안 괜찮아도 돼.
울어도 돼

내 마음속에 슬픔이 시작되었던 1995년 3월 5일은 내 인생 중 가장 후회스러운 날로 기억된다. 소스 나눔 토크에서 눈물을 쏟아 내기 전까지 스스로를 용서하지 못했던 일이기도 하다. 그날은 밤 늦도록 신입생 환영 파티가 이어졌고, 즐겁게 술을 마시고 술에 취해 기숙사에서 잠이 들어 있었다.

3월 6일 아침, 기숙사로 걸려온 이모의 전화 목소리는 다급하기만 했다. 아빠의 사고 소식이었다. 갑자기 머릿속이 하얘지면서 아무것도 떠오르지 않았다. 그저 허공에 대고 중얼중얼 기도를 할 뿐이었다. "죄송해요. 제가 어제 밤에 술을 많이 마셔서 저 때문에 아빠가 다친 것 같아요. 제가 벌 받을게요. 아빠 좀 살려주세요." 나는 죄책감에 아빠의 사고의 원인을 나에게로 돌리고 있었다.

지난 밤 술에 취해 잠이 든 사이 한밤중 걸려온 이모의 전화를 받지 못했다. 아빠가 사경을 헤매실 때 나는 세상모르게 잠에 빠져 있었던 것이다. 모든 것이 내 죄인 것만 같고, 바보 같은 내 자신이 죽도록 미웠다. 고향으로 내려가는 버스 안에서 수천 번을, 아니 수만 번을 하늘에 빌고 사죄했다. 병원에서 아빠의 모습을 보는 순간 모든 것은 현실이 되었고, 난 바닥에 주저앉을 수밖에 없었다. 의식을 잃어가는 아빠를 보면서 모든 것이 두렵고 불안하기만 했다. 병원에서는 이미 포기한 상태였다. 하지만 우리 가족 그 누구도 아빠를 포기할 수는 없었다. 작은 아버지가 큰 소란을 피우고서야 병원 측은 아빠를 서울에 있는 큰 병원으로 이송해도 좋다는 결정을 내려주었다. 그리고 혹시나 자신들에게 튀게 될 불똥이 무서웠는지 한마디 덧붙였다. "이 환자, 올라가는 중간에 사망하실 수 있어요." 다행히도 아빠는 잘 버텨주셨고, 곧바로 수술실로 옮겨졌다. 그렇게 아빠의 두 번째 뇌수술이 시작되었다. 끝까지 이를 악물고 상황을 이겨내고 있던 엄마가 무너진 것은 포항에서 군복무를 하고 있던 오빠가 휴가를 받아 수술실 앞에 모습을 드러냈을 때였다. 나처럼 무섭고 두려웠을 엄마가 아들을 보자마자 결국 울음을 터트린 것이다. 그 뒤로도 아빠는 한 번의 뇌수술을 더 받았고, 다행히 왼쪽 신체를 움직일 수 있게 되었다.

나의 대학시절은 학업과 아르바이트의 연속이었지만 그 누구도 원망하지 않았다. 단지 내 자신의 그날의 행동이 한심하고 미

★ 수용하기

울 뿐이었다. 그 후로 난 술을 마시면 우는 나쁜 버릇이 생겼고, 이것은 유일하게 내 감정을 소심하게나마 뱉어내는 출구 같은 것이었다. 그 뒤로도 한참 동안 응급차의 사이렌 소리를 듣는 것이 참으로 고통스러웠다.

그렇게 지울 수만 있다면 기억에서 지워내고 싶었던 스무 살의 기억이 2013년 11월 27일에 처음으로 위로를 받았던 것이다. 프로그램 참가자들이 내 등을 감싸 안으며, "손 강사님 탓이 아니에요. 괜찮아요.", "아빠는 강사님을 원망하지 않을 거예요. 그리고 이해하셨을 거예요"라며 위로해주었다. 그리고 비로소 긴 시간 상처로 남아 나를 꽁꽁 묶어두었던 부끄러운 감정의 끈을 끊을 수 있게 되었다.

2013년 2~4월 방송되었던 노희경 작가의 〈그 겨울, 바람이 분다〉는 내가 재밌게 보았던 드라마 중 하나이다. 극 중 주인공 오영(송혜교)과 오수(조인성)의 대화는 지금도 마음속에 남아 있다.

"사람이 사람한테 해줄 수 있는 건 용서가 아니라 위로야. 내가 처음 뇌종양에 걸렸을 때, 내가 바란 것도 위로였어. 그런데 사람들은 오빠 너처럼 위로하지 않았어. 위로는커녕 여섯 살 아이한테 용기를 강요했어. 잔인하게. 괜찮아 영이야! 수술은 안 무서울 거야. 괜찮아. 넌 이길 수 있어, 항암치료 그까짓 것 별 거 아냐."

"그럼 사람들이 그 말밖에 무슨 말을 더 할 수 있겠어?"

"안 괜찮아도 돼. 영이야. 안 괜찮아도 돼. 무서워도 돼, 울어도 돼. 만약 사람들이 그렇게 말했다면 난 하루 이틀 울다가 괜찮아졌을 거야. 그런데 그때 못 울어서 그런가? 지금도 난 여섯 살 그때만 생각하면 자꾸 눈물이 나."

때로는 용서라는 말보다 상대의 느낌을 헤아려주는 것이 더 큰 연민이며, 충분한 위로가 된다. 이렇듯 상처는 감정과 함께 수용되지 못하고, 공감받지 못했을 때 마음에 봉인되어 깊숙이 숨어 있다가 비슷한 고통과 아픔의 일들을 겪을 때마다 자극한다. 치유되지 못한 상처들은 울음과 자책으로, 그리고 화와 분노 등으로 튀어나와 다시 나와 주변 사람들에게 상처를 준다. 이러한 공감은 타인을 통해서만 받을 수 있는 것이 아니라 스스로가 그 주체가 되어도 된다는 것이다.

치유되지 못한 상처들은 울음과 자책으로
그리고 화와 분노 등으로 튀어나와
다시 나와 주변 사람들에게 상처를 준다.

★ 수용하기

나를 공감하고 위로하는 건
바로 나

자기공감을 위해서는 상실의 사건을 있는 그대로 받아들이는 '수용'이 전제되어야 하며, 그런 후 스스로를 비판해 보고, 그런 생각과 행동을 할 수밖에 없었던 나를 이끌었던 감정과 주된 욕구를 이해해주어야 한다.

● 자기공감 Active

1. '그렇게 하지 말 걸' 하고 지금도 후회하고 있는 과거의 상처가 되었던 말과 행동을 사실 그대로 구체적으로 이야기해 본다.
2. 내 말과 행동에 대해 비난이나 비판의 말을 사용해 본다. 그리고 그때 느껴지는 감정을 읽어주고 공감해 본다.

3. 내가 그 당시 중요하게 생각했던, 혹은 충족시키고 싶었던 욕구가 무엇이었는지 찾아본다.

4. 그때는 실천하지 못해 상처가 되었던 대처방식을 찾아 새롭게 다짐해 보도록 한다.

아래는 감성코칭 공개과정에 참여했던 교육생이 위의 〈4단계 자기공감 Active〉에 맞춰 작성했던 내용이다.

1단계: 후회 되는 일, 솔직하게 바라보기

임신 3개월 째 입덧이 너무 심해 병원에 입원까지 했던 나는 10주차가 되어 병원에서 친정집으로 퇴원을 했다. 할머니는 요리사인 손녀딸이 온다는 소식에 육회를 드시고 싶다는 말씀을 하셨다. 하지만 나는 그때 고기 사진만 봐도 헛구역질하던 때라서 할머니의 요구에 짜증을 내며 "다음에 해 드릴게요"라고 말해버렸다.

2단계: 내 말과 행동들을 비난 또는 비판하기

평소 할머니는 내가 해주는 음식이 제일 맛있다고 자주 말씀하시곤 했다. 기력이 약해져서 본인이 가장 좋아하던, 내가 만든 음식을 드시고 싶다고 한 건데 손녀의 예상치 못한 행동에 당황하셨을 것이다. 그렇게 밖에 말할 수 없었던 걸까? 말이라도 "할머니 지금은 입덧 때문에 너무 힘드니까 음식 하는 게 편해지면 다

★ 수용하기

음에 와서 꼭 해 드릴게요"라고 했다면 좋았을 텐데, 할머니가 얼마나 나를 기다렸는지 뻔히 알면서 그런 태도를 보인 것은 잘못된 행동이었다.

3단계: 내 감정과 욕구 알아차리기

나는 입덧으로 지쳐 있었고, 이런 힘든 몸과 마음을 누구보다 나를 아껴주셨던 할머니에게 위로 받고 싶었던 것 같다. 그런데 위로보다는 음식을 먼저 요구하는 할머니의 말에 순간 섭섭했고 힘들었던 감정이 증폭됐다. 그리고 친정에서만은 내 몸의 자유를 누리며 휴식을 취하고 싶었다.

4단계: 내게 공감의 대화로 위로하기

"자책하지 마. 할머니도 이해하셨을 거야. 평소 너라면 할머니 부탁을 누구보다 잘 들어준다는 것을 이미 알고 계셨던 분이잖아. 그날은 네가 몸이 너무 힘들어서 투정을 부렸던 거지, 너의 진심이 아니었음을 할머니도 아셨을 거야. 그리고 일주일 뒤 할머니가 돌아가셔서 넌 그 일이 후회로 남아 자책했던 거야. 그러면 마음이 조금 편안해지니까. 할머니의 죽음은 너 때문이 아니야. 살아계실 때 네가 진심으로 할머니를 사랑했고 그 마음을 전달하며 살았던 기억을 채우고 이제 조금 내려놓고 편안해지자. 넌 충분히 그럴 자격이 있어."

● 자기 공감 Active

후회되는 일 솔직하게 바라보기	
내 말과 행동을 비난 또는 비판하기	
내 감정과 욕구 알아차리기	
내게 공감의 대화로 위로하기	

    자기공감과 위로는 사실을 부정하거나 사건에서 도망치려는 것이 아니라 미처 발견하지 못했던 자신의 감정과 욕구를 헤아려주는 것으로, 상처를 극복해내기 위한 합리화, 승화, 이타주의 등의 방어기제를 건강하게 사용하는 것이다. 이때 사용된 보호막은 스스로 무너지거나 아프지 않기 위한 최선의 노력이라고 해석할 수 있다.

    우리는 스트레스를 '눈[雪]'에 자주 비유한다. 크고 하얀 함박눈이 내릴 때 손을 뻗어 그 눈을 받아 본 적이 있는가? 눈 한 송이의 무게는 느껴지지 않을 만큼 너무나 가볍다. 그렇지만 그 가벼움을 무시하고 그대로 놓아둘 경우 눈은 쌓이기 시작하고 두텁게 쌓인 눈의 무게는 나뭇가지를 부러지게 하고, 튼튼했던 건물을 무너지

★ 수용하기

게 할 만큼 무거워진다. 우리는 이것을 눈덩이 효과Snowball effect라
고 한다. 눈은 그때그때 가볍게 '툭툭' 털어내주면 우리를 위협하
는 무서운 존재가 되지는 못한다. 이런 눈처럼 사람들에겐 크고 작
은 상처의 기억들이 있다. 별 것 아니라고 생각해서, 나만 참으면
평온해진다고 생각해서, 내가 너무 미워서 쌓아둔 기억 속 감정들
을 이제는 털어낼 수 있어야 한다. 그 누구도 아닌 내가 먼저 인정
하고 공감하는 것으로 스스로를 위로할 수 있어야 한다.

눈 한 송이의 무게는 느껴지지 않을 만큼 너무나 가볍다.
그렇지만 그 가벼움을 무시하고 그대로 놓아둘 경우
눈은 쌓이기 시작하고 두텁게 쌓인 눈의 무게는 나뭇가지를 부러지게 하고,
튼튼했던 건물을 무너지게 할 만큼 무거워진다.
상처도 그렇다.

감성액티브코칭
3단계

단련하기

무엇이 나를
더
행복하게 하는가?

묻지 마
VS
제발 내 말 좀 들어줘

길거리를 배회하던 30대 남성이 다가구주택 옥탑방에서 들려오는 웃음소리를 듣고, 자신과는 달리 행복하게 산다는 것에 분노를 느껴 집안으로 침입해 아이들이 보는 앞에서 아버지를 살해했다. 그는 14년간 교도소에서 복역을 마치고 출소한 지 3개월밖에 되지 않은 사람이었다. 그는 세상과 단절되어 있었고, 사회와 더불어 모든 사람들에게 적대감을 키우게 되었다고 한다.

대구의 한 PC방에서 게임을 하던 30대 남성이 흉기를 휘둘러 3명이 부상을 당했다. 그는 남성들이 모여 떠드는 것을 자신에게 욕하는 것으로 오해해 범행을 저질렀다고 경찰에 진술했다.

강남 주택가에서 일면식도 없는 여성을 따라가 살해한 혐의로 20대 공익근무요원이 붙잡혔다. 이 남성은 어머니의 꾸지람을 받은 후 홧김에 흉기와 가스총을 가지고 나와 범행을 저지른 것으로 알려졌다.

요즘 대한민국은 그야말로 '묻지 마' 범죄의 공포에 떨고 있다. 주목할 만한 것은 전문가들이 이들 범죄의 공통점으로 인간관계의 단절에서 오는 소통의 부재를 뽑았다는 것이다. 마치 범죄자들이 '묻지 마'가 아니라 '제발 내 말 좀 들어줘'를 대신해 끔찍한 범죄로 이야기 하는 것만 같다.

나는 실제 현직 교도관들을 대상으로 자주 강의를 하는 편인데 시대가 변하면서 교도소 내에서도 달라진 점이 있다면 과거에는 재소자들이 가장 싫어하는 곳이 독방이었지만 요즘은 서로 독방에 수감되기를 원한다는 것이다. 전문가들에 따르면 우리나라에 약 20만 명의 은둔형 외톨이가 있다고 하니 틀린 말은 아닌 듯하다.

이렇듯 대인관계를 단절한 사람들은 왜 무차별적인 폭행이나 살인을 저지르게 되는 것일까? 대인관계 능력이 떨어지는 사람들은 친구를 사귀거나 주변 환경에 어울리는 것이 힘들다. 주변 사람들과 갈등이 생길 때마다 상처를 받고, 그것을 다른 방법으로 풀어보려는 생각보다는 스스로를 세상으로부터 소외시키는 쪽을 택하는 것이다. 점점 소통과 감정의 교류에서 멀어지게 되면 응당 마음에 다른 사람과 사회에 대해 원망과 분노가 독버섯처럼 자라나

★ 단련하기

기 시작하는 것이다. '이 사회가 잘못됐어. 그래서 내가 외로운 거고, 난 피해자야'라는 식의 자기 합리화의 미성숙한 방어기제를 사용하게 된다.

그렇다면 소통의 단절로부터 시작된 원망과 복수는 무엇을 통해 희석시킬 수 있을까? 단 한 사람이어도 좋다. 나를 수용할 수 있는 사람이 필요하다.

가수 싸이는 병역문제로 두 번의 군 생활을 해야만 했다. 육군 52사단에서 복무하던 중 한 부대에 위문공연을 가게 되었는데, 그는 문제를 일으킨 자신이 군인들을 상대로 무대로 선다는 것에 극심한 부담을 가졌다고 털어놓았다. 무대 뒤에 앉아 있노라니 정말 많은 감정이 교차했는데, 스스로 생각하길 객석의 반응이 예전만 못하면 제대 후 가수를 하지 못할 수도 있겠다는 생각을 했다는 것이다. 왜냐하면 이것이 대중의 마음이고 자신의 현주소라 판단했기 때문이다. 그러나 싸이는 오히려 좋은 척도가 될 수도 있겠다는 시각으로 해석했다고 한다. '과연 저들이 나를 어떻게 볼까? 나를 좋아할까? 싫어할까?' 많은 고민을 하며 무대로 올라갔는데 군인들의 반응은 예전처럼 여전히 뜨거웠다. 그 고마움에 싸이는 다시 일어날 수 있었다고 한다.

이 이야기에서 다시 한 번 확인할 수 있는 것 중 하나는 짧은 순간 발휘된 싸이의 자기이해 능력과 타인의 격려가 개인의 감성 회복력에 도움이 됐다는 것이다.

마음 회복력을 높이는
행복의 조건

　언젠가 강의 일정으로 며칠 동안 집을 비울 일이 있었다. 그동안은 이런 경우, 친정엄마가 아이를 돌봐주었기 때문에 크게 걱정되지 않았다. 하지만 그 날은 친정엄마도 시골집에 볼일이 있어 올 수 없었기 때문에 결국 시어머니가 오셔서 아이를 보게 되었다. 그 날 오후 아이의 유치원 선생님과 통화를 하면서 아이가 아침에 등원하자마자 많이 울었다는 것을 알았다. 이유는 외할머니도 엄마도 너무 보고 싶다며, 혹시 친할머니가 하원버스 정차 장소를 몰라 데리러 나오지 못하면 어쩌느냐며 걱정을 하더라는 것이다. 선생님은 미리 연락을 받아 이런 부재 사실을 알고 있었고, 아이에게 씩씩하게 유치원에 등원해줘서 고맙다며 꼭 안아줬다고 한다. 그런 다음, 할머니와 엄마는 약속을 잘 지키시니 오후에 데리러 오실

★ 단련하기

거라며 아이의 마음을 안심시켰고, 그날 오후 아이의 마음이 불안할 거라고 미리 짐작한 친정엄마가 아침부터 일을 서둘러 마치고 하원시간에 맞춰 아이를 데리러 갔다.

아이는 할머니를 보자마자 무척이나 좋아하며 뛰어 나왔다. 그런 아이에게 "밥도 많이 먹고 잘 놀고 있었어?"라고 물었더니 아이가, "웅. 그런데 이제 할머니가 와서 밥 안 먹어도 배불러"라고 했다며 친정엄마는 행복한 웃음을 전해왔다. 아이가 신나서 반기는 반응에 친정엄마도 손녀의 육아에 보람을 느끼셨던 것 같다.

여기서 다시 깨닫게 되는 것은 사람 간에 주고받는 정서적 교감이 마음 속 불안을 보듬어주고, 행복감을 증가시켜 주는 데 얼마나 중요한 도구인가 하는 점이다.

하버드대 2학년생 268명, 서민 남성 456명, 여성 천재 90명을 대상으로 70여 년에 걸쳐 추적한 세계 최장기 성인발달연구(인생성장보고서)를 맡아온 조지 베일런트는 7가지 행복의 조건을 제시했다. 그 중 한 가지가 '고통에 적응하는 성숙한 자세', 즉 건강한 방어기제인데, 이것을 가능하도록 뒷받침 해주는 것으로 인간관계를 꼽았다. 더 자세히 말한다면 인간관계를 통해 친구나 가족, 그 외에 다른 사람들과 긍정적인 정서적 교류를 실천하는 사람들은 그만큼 마음 회복력이 높다는 것이다.

● 행복의 조건; 하버드대학교 인생성장보고서

　1. 고통에 적응하는 성숙한 자세(방어기제)

　2. 평생교육(교육년수)

　3. 안정적 결혼 생활

　4. 금연(45세 이전 금연)

　5. 적당한 음주(알코올 중독 경험 없음)

　6. 규칙적인 운동

　7. 적당한 체중

　교육 현장에서 만나는 사람들에게 나를 감성코칭 전문강사라고 소개하면 많은 사람들이 되물어 오는 질문 중 하나가, "심리학을 전공하셨어요?"이다. 나는 학교 정규과정을 통해 심리를 공부한 적이 없다. 그럼에도 불구하고 내가 운영하고 있는 무료 힐링캠프나 소스 집단 세미나에 많은 사람들이 참여해 주는 까닭은 무엇일까.

　그들은 평소에 누구에게도 편하게 하지 못했던 많은 이야기를 이곳에 와서 자연스럽게 꺼내고, 카타르시스를 느끼며 눈물을 쏟아내기도 한다. 그들은 전문 상담가나 치료를 목적으로 하는 전문의를 통해 지식을 공유하고 솔루션을 제공받고 싶은 것보다 자신의 이야기를 비난과 비판 없이 들어줄 상대가 필요했던 것이라고 생각한다. 나는 그렇게 계산 없이 나를 보여줄 수 있는 사람과 공간을 가리켜 '감정의 아지트'라고 부른다. 분노나 원망의 감정을 내려놓을 수 있는 그야말로 감정의 아지트가 단 한 명이라도 존재한다면 다시 희망을 기대해 볼 만하다는 것이다.

우리에게 잘 알려진 행동심리학자 해리 할로우Harry F. Harlow의 '원숭이 실험'에 대해 이야기 해보자. 가짜로 만들어진 두 마리의 어미 원숭이가 있다. 한 마리는 철사로 원숭이 형태를 만들고 가슴 부분에서 우유가 흘러나오도록 했다. 다른 한 마리는 두꺼운 종이로 틀을 만들고 폭신한 천을 씌웠다. 새끼 원숭이들은 철사로 만들어진 어미 원숭이에게 가서 우유만 마시고, 그 외에는 천으로 씌운 폭신한 어미 원숭이가 있는 곳에 줄곧 와 있었다. 배고픔의 욕구가 충족된 원숭이들은 편안한 스킨십 같은 푹신함에 더 큰 욕구를 보인 것이다.

프랑스 정신의학자 르네 스피츠Rene Spitz 박사는 1940년대 감옥에서 태어나 버려졌던 아이를 돌보는 병원에서 근무했는데, 그곳에서 특이한 점을 발견했다. 그 병원은 아이들에게 깨끗한 환경을 제공하는데도 질병율과 사망률이 높았다는 것이다. 또한 4개월 된 아기들이 울지도 않고, 무엇에도 반응하지 않는 자폐적 성향까지도 보였다는 것이다. 그러던 중 멕시코의 한 고아원에 방문한 르네 스피츠 박사는 중요한 사실을 깨닫게 되었다. 얼핏 보기에도 시설과 환경이 열악한 이 고아원에서 지내는 아이들은 건강상태가 양호했다. 병원과 달랐던 점은 교사 한 명당 보살피는 아이의 수가 훨씬 적었다는 데 있었다. 프랑스로 돌아온 르네 박사는 아이 8명당 1명이었던 보모의 수를 4명당 1명으로 조정했다.

이 두 실험과 연구 결과를 통해 우리는 사람에게 있어서 서로 간의 정서적 교류가 얼마나 중요한지를 알 수 있고, 앞의 '묻지 마' 범죄도 소통이 단절되어 마음의 균형이 깨진다면 일어날 수 있는 일이라는 것을 확인할 수 있다. 그렇다면 사람을 살리는 정서적 교류, 올바른 소통은 어떤 것일까?

나를 드러내는 것이
두려운 이들에게

　어느 겨울 밤 지인과 함께 드라마치료 세미나에 참여한 적이 있었다. 참가자는 자신의 이야기를 하고 싶다면 누구라도 무대에 올라가 자신의 이야기를 꺼내 공감하고 위로하는 시간이었다. 그날 무대에 오른 주인공은 자신의 아버지가 빨리 죽었으면 좋겠다는 충격적인 이야기를 털어 놓았다. 공무원이었던 아버지는 매사 우유부단함을 보였고, 넉넉지 못한 가정 형편으로 자신 또한 학창시절부터 학업과 일을 병행하느라 하루도 몸이 편한 적이 없었다고 했다. 아버지가 건강상의 이유로 퇴직을 한 후부터는 어머니에 대한 집착도 강해졌는데, 청소부 일을 하면서 생계를 꾸려나가는 어머니가 항상 안쓰러웠고, 집안에서 어머니만을 기다리고 있는 아버지가 점점 싫어지기 시작했다는 것이다.

아버지의 무능함이 답답했고, 가족에 아무런 도움이 되지 않으며 오히려 자신이나 어머니를 힘들게만 하는 존재라는 생각이 들었다는 것이다. 무대 밖의 참가자들 중에는 그날 주인공의 지인들도 몇몇 있었던 모양인데 세미나가 끝난 후 그들은 그렇게 힘든 일을 겪으며 살았는지 전혀 몰랐다며 그녀를 위로해 주었다. 그녀는 자신의 마음을 공개하는 것으로 응어리져 있던 자신의 감정을 조금은 내려놓을 수 있었다. 그리고 다른 참가자를 통해 관찰된 자신의 마음을 읽은 후에는 사실은 아버지가 죽어 없어지는 것을 바라는 것이 아니라 힘들게 버티며 살아가고 있는 어머니와 자신에게 아버지가 "고맙다. 그리고 미안하다"라는 말을 해주길 바랐다는 것을 알아차렸다. 자신의 진짜 마음을 깨달은 후 그녀는 무대 한쪽에 서서 눈물을 훔쳤다.

나의 마음이 어느 한쪽으로 치우쳐 오염되지 않게 하려면 나를 정확하게 이해한 후 그동안 몰랐던 새롭게 발견된 자신을 그대로 수용하고 인정해야 한다. 그리고 그런 자신을 다른 사람에게 그대로 드러내고 솔직하게 표현하는 훈련이 필요하다. 그리고 다른 사람의 이야기와 의견에 귀기울일 필요도 있다. 자기공개self-disclo-sure와 타인의 피드백을 통해 자기이해가 깊어지고 혹시나 미성숙한 자신의 행동양식을 조절할 수도 있게 되는 것이다.

자기공개와 피드백의 측면에서 우리의 인간관계를 진단해볼 수 있는 방법 중 하나로 조해리의 '마음의 창Johari's window of min'이라는 것이 있다. 조해리의 창은 심리학자인 조셉 루프트Joseph Luft와 해리 잉햄Harry Ingham에 의해 개발되었으며 두 사람의 이름을 합성하여 '조해리Joe + Harry =Johari의 창'이라고 명명되었다. 조해리의 창을 통해 자신의 인간관계를 살펴보고자 한다면 먼저 다음 물음에 대해 자신을 스스로 평가해 보자.

● **나를 발견하는 물음표 5** ●

Q1. 나는 다른 사람에게 나에 관한 이야기를 잘하는가?

Q2. 나는 다른 사람에게 나의 모습을 잘 나타내 보이는가?

Q3. 다른 사람에게 나의 속마음을 잘 내보이는가?

Q4. 다른 사람이 나에 대해 어떤 생각을 가지고 있는지 알려고 노력하는가?

Q5. 다른 사람이 나를 어떻게 평가하고 있는지 잘 알고 있는가?

		피드백 정도	
		내가 알고 있는 정보	내가 모르고 있는 정보
자기공개정도	타인이 아는 정보	공개적 영역 (개방형) open area	맹목의 영역 (자기주장형) blind area
	타인이 모르는 정보	은폐의 영역 (신중형) hidden area	미지의 영역 (고립형) unknown area

'자기개방'이란 남에게 알려지지 않은 자신의 사적인 정보, 곧 과거나 현재의 생각, 감정, 경험, 욕구, 관심 등에 대해 의도적으로 타인과 소통하는 것을 의미한다. 이러한 자기개방은 상처로 남은 지난 기억을 치유하는 계기가 되기도 하고, 미처 깨닫지 못했던 자신의 방어기제를 타인을 통해 알아차릴 수도 있게 된다. 모든 사람이 자신을 꾸임 없이 공개할 수 있는 것은 아니다. 자기개방이 두려운 사람이나 자기개방의 필요성을 모르는 사람도 얼마든지 있을 수 있다. 사람마다 마음의 창의 모양은 다르기 때문이다. 개인이 인간관계에서 나타내는 자기공개와 피드백의 정도에 따라 마음의 창은 어떤 영역이 가장 넓은가에 따라 크게 4가지 유형으로 구분될 수 있다.

★ 단련하기

자존이 있는 사람은 풀빵을 구워도 행복하고,
자존이 없는 사람은 백 억을 벌어도 자살할 수 있다.

– 박웅현(《여덟 단어》 중)

1. 개방형 : 인간관계가 넓고 원만한 사람이다. 적절하게 자기 표현을 잘할 뿐 아니라 다른 사람들의 말도 경청할 줄 아는 사람이다. 처음 만난 사람들과도 잘 어울리며, 낯선 사람 또는 낯선 환경에 들어가는 것에 대한 두려움이 없고, 빠르게 적응하는 편이다. 그러나 지나치게 공개적인 영역이 넓은 사람은 말이 많으며 주책이 없고 경박한 사람으로 비춰질 수 있다. 타인이 나의 사적인 정보에 대해 필요 이상으로 알고 싶어하지 않을 경우 멈출 수 있어야 한다.

2. 자기주장형 : 자신의 기분이나 의견을 잘 표현하며 나름대로 자신감이 넘치며 솔직하고 시원시원한 사람일 수 있다. 그러나 이들은 다른 사람의 반응에 무관심하고 둔감하여 독단적이거나 독선적인 모습으로 비춰질 수도 있어 다른 사람에게 좀 더 진지할 필요가 있다. '내가 편하면 되는 거 아니야?'보다는 함께 더불어 행복해질 수 있는가?를 자주 질문할 수 있다면 좋을 것이다. 타인의 피드백을 수용하는 태도가 더해진다면 좋을 것이다.

3. 신중형 : 다른 사람에 비해서 수용적이고 속이 깊고 신중한 사람이다. 다른 사람의 이야기는 잘 경청하지만 자신을 잘 드러내지 않는다. 계산적이고 실리적으로 적응하지만 내면적으로 고독감을 느낀다. 현대인들에게서 가장 많이 나타나는 유형이라고 할

수 있다. 타인과의 관계 맺음을 귀찮아하기보다는 함께 서로의 감정을 공유하고 유대감을 형성하는 것의 장점에 마음을 기울여 보면 좋을 것이다. 자기개방을 통해 다른 사람과 좀 더 넓고 깊이 있는 교류가 필요하다. 의도적으로 동아리나 스포츠 모임 등에 참석해 보는 것도 좋을 것이다.

4. 고립형 : 인간관계에 소극적이며 혼자 있는 것을 좋아하는 사람이다. 다른 사람과 접촉하는 것을 불편해 하거나 무관심하여 고립된 생활을 하는 경우가 많다. 이 중에는 고집이 세고 주관이 강하여 대체로 심리적인 고민이 많으며 부적응적인 삶을 살아가는 사람이 많다. 사람들에게 좀 더 적극적이고 긍정적인 태도를 가질 필요가 있다.

내 마음을 보여준다는 것은 대단한 용기를 필요로 한다. 그러나 보여주기만 했을 뿐인데 우리는 그동안 억압되어 있던 상자의 봉인이 풀리는 것처럼 후련함, 홀가분함, 개운함, 편안함, 긴장이 풀리는 카타르시스를 느낄 수 있다. 서초동 세 모녀 살해 사건의 범인과 단절로 시작된 '묻지 마' 범죄의 주범들이 만약 자기를 보여줄 수 있는 시간을 누군가와 가졌다면 어땠을까? 혹시 다른 결과가 나오진 않았을지 가끔 궁금해지는 부분이다.

타인과의 관계 속에서 비합리적인 거부를 많이 경험한 사람일수록 점점 자신을 숨기는 은폐 영역이 늘어나게 되며, 이러한 인간관계의 태도는 자신을 외딴섬으로 고립시킬 수도 있다. 내가 마음 놓고 나를 이야기 할 수 있는 대상이 있다는 것은 행복으로 가는 마음 창구가 존재한다는 것이다. 마음 창구, 즉 감정 아지트가 있는 사람은 든든한 백그라운드가 마치 나를 지켜주는 듯한 기분 좋은 착각을 할 수도 있겠다. 그렇다면 나 또한 누군가의 이런 마음 창구가 되어주고 있는지도 대단히 중요한 부분이라 할 수 있다.

마음 창구,
즉 감정 아지트가 있는 사람은
든든한 백그라운드가 마치 나를 지켜주는 듯한
기분 좋은 착각을 할 수도 있겠다.
그렇다면 나 또한 누군가의 이런 마음 창구가 되어주고 있는지도
대단히 중요한 부분이라 할 수 있다.

★ 단련하기

소통,
한 사람이면 된다

소통이란 무엇일까? 사전적 의미를 살펴보자면 막히지 아니하고 잘 통하는 것, 뜻이 서로 통하여 오해가 없는 상태를 말한다.

감성액티브코칭에서는 사전적 의미의 소통과 더불어 상한 감정을 읽어주는 것으로, 마음의 상처를 치유하고 다시 긍정적인 태도를 가질 수 있도록 동기를 부여하는 것이 소통의 역할이다. 이러한 소통은 나와 타인 간에 할 수도 있고, 내가 내 안의 마음과도 할 수 있다.

많은 사람들은 상대방의 감정은 이해하지 못하고 행동에만 반응한다. 예를 들어 방문을 '쾅' 닫고 자기 방으로 들어가 버리는 자녀의 행동을 보고 "너 그게 어디서 배워먹은 버르장머리야! 당장 나오지 못해?"라고 화를 내는 것과 같은 반응이다. 이것은 겉으로 드러나는 행동을 눈으로만 보았기 때문에 나오는 반응이다. 그렇다면 감성코칭형 소통은 이 같은 상황에서 무엇을 찾아야 할까? 행동 밑에 가려진 자녀의 감정과 동기가 되었던 욕구를 마음으로 보아야 한다. 바로 이 상황에서 중요한 것은 '문을 쾅 닫았다'라는 자녀의 행동이 아니라 '왜 문을 쾅 닫았을까?'라고 하는 동기에 초점을 맞춰야 하는 것이다.

대부분의 사람들은 자신이 느끼고 있는 감정을 말과 행동으로 표현한다. 어린 아이가 울고 떼를 쓰고 소리를 지르고 무엇인가를 집어 던지는 등의 어떤 형태로든 감정을 표현하는 것은 제발 자기의 마음을 알아 달라는 간절함이다. 그렇다면 아프다고, 화가 났다고, 나를 봐달라고 말을 걸어오면 좋을 텐데, 왜 거친 행동으로 표현하는 것일까? 그것은 훈련되지 못했기 때문이다. 어린 시절부터 감정지식을 키워 주었다면 다양한 감정의 단어로 자신의 마음을 표현할 수 있겠지만, 감정지식을 축적시키지 못했던 사람은 자신의 마음이 그저 무언가 못마땅해 불편하다는 것 외에는 명확한 이유를 찾아낼 수가 없는 것이다. 그래서 '나 지금 화났어요. 나 좀 봐 주세요' 또는 '나 지금 너무 속이 상해 울고 싶어요. 저를 좀 위로해 주세요' 등 감정에 빠져 힘든 자신을 도와 달라는 메시지를 지금까지 자신이 보고 습득한 행동 안에서 표현하는 것뿐이다.

그렇다면 감정을 읽어주고 표현하는 훈련이 꾸준히 진행된다면 실의에 빠진 감정을 거친 행동이나 분노가 아닌 적절한 단어

★ 단련하기

를 찾아 이야기할 수 있을까? 나는 자신있게 말할 수 있다. '그렇다'라고.

우리 집 아이는 여섯 살이다. 다섯 살이 되는 해부터 나는 아이에게 감성액티브코칭 대화법을 실천했다. 물론 아이는 감정의 단어나 어휘력이 성인만큼은 아니기 때문에 감정지식에 한계가 있고, 완벽할 수는 없으나 최대한 자신의 마음과 생각을 비교적 적절한 말과 행동으로 표현해내려고 노력한다. 그랬을 때 부모는 더 빠르게 아이의 기본 욕구가 무엇인지를 발견할 수 있게 되고, 그 욕구를 충족시킬 수 있는 방법을 함께 실천하거나, 그 욕구의 가치를 높이 평가해 칭찬과 인정, 격려를 표할 수 있게 되는 것이다. 이렇게 되기까지의 핵심은 아이가 과잉된 감정의 반응을 보이는 행동을 할 때마다 가급적 그 감정을 인정하고 이해해주는 것이다. 이것은 다만 아이들에게만 국한된 이야기는 아닐 것이다.

사람은 누군가로부터 감정을 이해받으면 조금씩 과잉되었던 감정의 강도를 점점 약화시키며 이내 안정을 찾게 된다. 그리고 더 나아가 그런 감정이 나만 느끼는 것이 아니라 누구나 한번쯤은 느낄 수 있다는 점에서 안도하며, 차츰 더 적절한 언행으로 표현할 수 있게 되는 것이다.

이런 일련의 모든 과정은 사실 감정 속에 가려 보이지 않는 행동의 동기가 되는 '욕구'를 발견하기 위함이라는 것을 잊으면 안 된다. 모든 언행에는 그 의미와 목적이 있다는 것을 기억하자.

몇 해 전 일본에서 사온 우산이 하나 있다. 겉으로 보기에는 일반 우산과 별반 다를 것 없지만 빗물이 떨어지기 시작하면 숨겨져 있던 그림이 나타나는 신기한 우산이다. 사람의 마음도 이와 같지 않을까? 모든 사람은 자신이 가진 자기만의 그림이 있다. 스스로 그 그림을 발견하는 사람도 있지만, 죽을 때까지 자신이 가진 그림이 무엇인지 생각조차 못하는 사람도 있을 것이다.

소통은 그림을 미처 발견하지 못한 사람이 스스로를 한심해하거나 자책하며 상실의 날들을 살지 않도록 도와준다. 한 방울의 빗방울만 떨어져 준다면 우산의 가치는 달라질 것이다. 한 사람이면 되는 것이다. 크게 무엇인가를 해주지 않더라도 내 감정과 욕구를 그저 비난 없이 수용해줄 수 있는 단 한 사람이면 된다. 자신이 누군가에게 그 한 사람이 먼저 되어줄 수 있기를 바란다.

당신의
감정을 읽어드립니다

감성액티브코칭에서 소통의 역할은 단순히 나의 생각을 말이라는 매개를 통해 주고받는 대화로만 해석하지 않는다. 소통은 정서의 교류이고, 이 교류를 통해 상처가 치유되기도 하고 분노나 원망 그리고 불안과 두려움 같이 과잉되었던 감정이 조절되기도 한다.

작년에 지방 강의가 계속되어 일주일 중 며칠은 집을 비울 수밖에 없었다. 오랜만에 집에 온 엄마를 보고 딸아이가 무척 반가워하며 엄마를 위해 선물로 그림을 그려주겠다고 했다. 거실로 나가서 열심히 그림을 그리고 색칠을 하던 아이가 뭔가 문제가 생겼다

©Paduraru Alexandru

행복에 상응하는 슬픔이 없다면
행복은 그 의미를 상실해 버리고 만다.

- 칼 구스타프 융

★ 단련하기

는 표정으로 이내 침대에 주저앉아 짜증이 난 목소리로 울며 하소연을 하기 시작했다.

"진짜 힘들게 열심히 다 했는데 그림이 찢어졌어. 이제 어떡해. 다시 그릴 수가 없어. 엄마 주려고 진짜 예쁘게 그렸는데….."

"하윤이가 엄마 선물 주려고 열심히 그렸는데 그림이 찢어져서 많이 속상했구나. 그런데 하윤아, 저기 물감이랑 종이가 많이 있는데 그림을 다시 그리면 되지 않을까?"

"아니야. 다시 그릴 수 없어. 힘들게 한 건데 어떻게 똑같이 다시 그려. 못해."

"실수를 하면 다시 그리면 되는 거야. 왜 할 수 없다고 생각하는 거야?"

아이를 달래서 다시 그려보자 했으나 아이의 부정적인 생각은 쉽게 바뀌지 않았다. 나는 아이가 감정을 조절하기 전에 스스로 지금 마음이 어떤 상태인지를 인식할 수 있도록 질문을 바꿔야 한다고 생각했다.

"하윤아. 그림이 그리기 싫은 거야? 아니면 잘 그리고 싶은데 잘 안 돼서 우는 거야? 그리기 싫은 거면 그만 그리고 엄마랑 책 읽을까?"

"아니야. 그림은 그리고 싶어. 잘 그려서 엄마한테 주고 싶단 말이야."

감정 조절을 위해서는 자신의 마음 상태가 어떤 것인지 정확히 인식하는 단계가 가장 우선인데 아이들은 아직 감정인식 능력이 완벽히 발달되지 않았기 때문에 어떤 경우에는 부모가 한계를 지어 선택할 수 있도록 도와주는 것이 좋다. 만약 이때 아이가 그림을 그리는 것 자체를 힘들어 한다면, "오늘은 많이 피곤해서 집중해서 그리는 게 어려운 거구나. 그럼 우리 푹 자고 일어나서 아침에 다시 그려볼까?"라고 대화의 방향을 바꿔줄 필요가 있다. 그러나 딸아이는 그림을 그리기 싫은 것이 아니라 잘 그리고 싶다가 큰 욕구였기 때문에 이것을 포기하지 않고 다시 도전할 수 있도록 동기를 부여해주는 방향으로 대화를 이끌었다.

"하윤아! 하윤이 자전거 잘 타지? 저번에 보니까 하윤이가 엉덩이도 들고 타고 방향도 왼쪽 오른쪽으로 잘 돌리더라. 그런데 하윤이 처음부터 자전거 잘 탔었나? 처음에는 하윤이 혼자서 바퀴도 구르기 힘들었는데 계속 연습했더니 지금은 잘 타게 된 거지?"

"응. 처음엔 자전거 잘 못 탔었어. 그런데 아빠랑 같이 계속 연습했더니 지금은 빨리 달릴 수도 있어."

"맞아! 하윤아. 엄마도 학생들한테 좋은 강의를 해주려고 매일 연습해. 엄마가 책도 읽고, 밤까지 공부하는 거 봤지? 사람들은 아이도 어른들도 모두 실수할 수 있어. 처음부터 다 잘하는 사람은 없으니까 계속 연습하다 보면 점점 더 잘하게 되는 거야."

그러자 아이는 울먹이던 소리를 멈추고 다시 뭔가 궁금하다는 눈빛으로 물어왔다.

★ 단련하기

"그럼 그림도 자전거처럼 연습하면 다시 잘 그릴 수 있는 거야?" 하고 묻고는 다시 그림을 그려보기로 마음을 바꿨다. 그러자 기분이 나아졌는지 아이가 먼저 이런 제안을 해왔다.

"엄마 우리 이 그림 제목을 만들어 볼까?"

"와~! 그거 정말 멋진 생각인데?"

엄마의 공감과 지지를 얻어낸 아이의 행동에 자신감이 느껴졌다. 아이는 종이의 뒷면에 그림의 제목을 쓰기 시작했다. 미처 생각하지 못했던 아이의 이런 행동은 감성액티브코칭 대화를 통해 아이 스스로 충분히 동기부여가 됐다는 뜻일 것이다.

다음은 감성액티브코칭 대화법의 4가지 사고(思-GO:생각한 것을 표현한다는 뜻)는 '보고-듣고-느끼고-표현하고'이다.

- 보고 : 나와 상대방의 표정, 제스처 등 비언어적 메시지에 집중해 평가 없이 사실을 보도록 한다.
- 듣고 : 나와 상대방의 목소에 담겨진 억양, 톤, 말의 속도와 더불어 어휘의 의미를 주관적 필터링 없이 사실만을 듣는 것이다.
- 느끼고 : 질문과 공감을 통해 감정을 재확인하도록 한다.
  (예: 많이 속상했구나. 마음이 불편했던 거지?)
- 표현하고 : 나와 상대방의 욕구를 말한다.
  (예: ~을 원했던 거지? ~이 중요한 거지?)

이것을 나와 딸의 대화에 적용해 본다면 '보고, 듣고'의 단계는 표현하는 단계라기보다 상대를 공감하기 위해 관찰하는 단계에 가깝다. 이런 관찰을 통해 감정과 욕구를 표현하는 것이다.

- 보고/듣고 : 하윤이가 그림을 그리던 종이가 찢어졌다 / 아이가 울고 있다.
- 느끼고/표현하고 : 엄마에게 선물하려 했는데 그러지 못할 것 같아 속상하구나 / 더 잘 그릴 수 있을지 걱정되고 염려가 된다.

감성액티브코칭에서 대화는 목적에 머무르지 않는다. 서로의 감정을 충분히 공감해주는 것으로 과잉될 수 있는 감정을 스스로 통제할 수 있도록 도와주는 것이다. 우리도 살다 보면 누군가를 향한 분노나 원망이 심할 경우 복수심까지 불타오르는 경우가 있다. 그러나 보통의 원망과 원한은 사람들과 관계를 맺으며 생활하는 가운데 약해지거나 치유되기도 한다. 어떤 사람에게 상처받고 실망을 하지만, 또 다른 사람들과의 관계에서 사랑과 인정을 받게 되면서 과거의 상처가 눈 녹듯이 사그라지기도 하는 것이다. 인생을 살아가면서 경험하게 되는 좌절, 불안, 분노, 슬픔과 같은 감정은 계절이 반복되듯 다양한 사람들과의 관계에서 '좋았다, 나빴다'를 반복해서 순환한다고 생각하면 이해가 빠를 것이다. 자존감이 높은 사람들은 힘들 때 친구와 가족이 옆에 있기 때문에 위로받고 다시 기운을 낼 수 있는 것이다.

그럼 대화를 통해 상한 감정을 치유하고 다시 힘을 낼 수 있도록 하기 위해서 우리가 연습해야 하는 기술은 무엇일까? 바로 나를 보여주는 것이다. 고립되지 않고 행복한 지지를 받고 싶다면 내 아픔과 고통을 누군가와 꾸밈 없이 공유할 수 있기를 바란다. 그리고 삶의 매순간마다 자신과 타인의 욕구와 만나기를 권한다.

그럼 대화를 통해 상한 감정을 치유하고
다시 힘을 낼 수 있도록 하기 위해서
우리가 연습해야 하는 기술은 무엇일까?
바로 나를 보여주는 것이다.
고립되지 않고 행복한 지지를 받고 싶다면
내 아픔과 고통을 누군가와 꾸밈 없이 공유할 수 있기를 바란다.

이것이 정말
최선입니까?

"강사님은 언제부터 감성이나 소통, 스트레스에 관심을 가지셨나요?"

강의장에서 많이 듣는 질문 중 하나다. 그럴 때마다 난 우스갯소리로 이렇게 대답하곤 한다.

"이혼 안 하려고 공부했습니다."

그런데 이 말은 사실이기도 하다.

나는 3살 어린 연하의 남자와 결혼을 했다. 결혼 당시 남편은 아직 취직을 준비하고 있었다. 하지만 그런 것은 우리에게 크게 문제되지 않았고, 행복한 신혼을 보냈다. 그렇게 결혼한 지 3년이 지날 무렵에 남편은 취직을 했고, 난 아이를 갖게 되었다. 그런데 남편이 직장생활을 하며 회식이 잦다거나 귀가가 늦어지는 것이 전혀

★ 단련하기

신경 쓰이지 않던 내가 출산을 한 후부터는 남편에게 '당신이 가장인데 가정보다 다른 일이 더 중요하다는 게 말이 돼?', '나도 피곤한데 이렇게 매일 늦게 들어오는 것만큼 무책임한 사람이 어디 있어?' 등의 비난하는 말을 쏟아내기 시작했다. 나는 점점 신경이 날카로워졌고 남편의 행동 하나하나가 못마땅해지기 시작했다. 그렇게 우리 부부의 말다툼은 잦아졌다. 같은 공간에 있지만 불편하고 답답한 감정이 참을 수 없게 커지자 나는 남편에게 헤어지자는 말을 꺼냈다. 매사에 신중한 성격인 남편은 바로 대답을 주지 않았고, 3일쯤 지난 어느 날 자신이 해준 것도 없고 좋은 남편이 되어주지 못해 미안하다며, "이혼해 줄게"라며 눈물을 뚝뚝 흘렸다. 내가 먼저 꺼냈던 이혼이라는 말을 남편의 입을 통해 다시 듣게 되자 순간 머릿속이 하얗게 변하는 것을 느낄 수 있었다. 그리고 마음속에서는 '이건 아니잖아. 이런 결론을 내리려고 결혼을 하고 아이를 낳은 건 아니었잖아. 이게 정말 최선인 거 맞니?'라고 스스로에게 질문을 던지고 있었다.

그때부터였다. 어디에서부터 잘못된 것인지 알고 싶었다. 소통과 스트레스에 관한 책들을 사서 읽기 시작했고, 좋은 교육이 있다면 찾아가서 경청하기를 반복했다. 그리고 고통스럽게 던져진 질문이란 '네가 진짜 원하는 게 뭐니?'라는 아주 간단한 질문이라는 것을 깨달았다. 이것은 매슬로우의 욕구위계설에 따라 내 욕구가 어느 단계에 머물러 있는지를 찾아내는 것으로 도움 받을 수 있다.

내가 진짜 원하는 것? 내가 진짜 원하는 게 무엇일까를 생각하는데 대한 답은 쉽게 나오지 않았다. '남편이 일찍 퇴근하는 것? 남편이 더 많은 애정표현을 해주는 것? 돈을 많이 버는 것? 아니면 잠을 더 자고 싶은 걸까?' 꼬리에 꼬리를 물고 내가 진짜 원하는 것이 무엇인지 찾기 위해 나의 몸과 마음을 모두 쏟아붓고 있었다. 그러다 어느 순간 '나는 존경받는 전문가가 되고 싶다'라는 내면 깊숙이 숨어 있던 욕구를 발견할 수 있었다. 프리랜서로 강의를 시작했지만 아직 자리를 잡지 못했기에 나는 전문 강사, 숙련가가 되는 것에 목말라 있었고, 전문 강사로 빠르게 성장하지 못하는 이유가 남편이 도와주지 않아서, 시간이 부족해서인 것만 같아 자꾸 남편에게 시비를 걸었던 것이다.

나의 숨겨진 욕구를 찾게 되자 거짓말처럼 모든 것들이 제자리를 찾기 시작했다. 전문가로 성장하기 위해서는 많은 공부를 해야 하고, 지식을 업그레이드하기 위해서는 많은 자료들을 찾아야 했으며, 교육도 열심히 들어야 한다는 등, 내가 해야 할 일들이 구체적으로 하나씩 떠오르기 시작했다. 그리고 그것을 실천하기 위해서는 육아 분담을 비롯한 남편의 지원이 필요했던 것이다. 명확한 내 욕구를 알기 전에 남편에게 했던 소통의 방식은 일방적이며 강압적인 모습이었다.

"일찍 좀 들어올 수 없어? 나는 안 피곤해서 이렇게 애보며 일하며 다 하는 줄 알아? 사람이 왜 이렇게 이기적이니?"라며 그저 상

★ 단련하기

황만을 나열하고, 남편의 행동을 내 기준으로 평가해 '이기적'이라고 비난했다. 자신의 행동이 비난 받는 것을 원하는 사람은 아무도 없다. 그럴 때면 기분이 상한 남편 또한, "나는 그럼 뭐 회사에서 놀고 오냐? 그런 식으로 사람을 매도하면 좋아?"로 받아쳤던 것이다. 하지만 욕구를 발견하고 또 그 욕구를 충족시키기 위해 내가 해야 할 일들이 무엇인지 알아차리게 되자 나의 소통은 부드러워졌고, 남편에게 강요가 아닌 부탁을 할 수 있게 되었다.

"점점 시간이 늦어지는데 자기는 연락이 없고, 전화를 했는데 안 받으니 강의 자료 준비할 시간은 점점 줄어들고 마음이 자꾸 초조해지더라구. 내가 아침에 특별히 부탁도 했는데 조금 섭섭하더라. 내 마음 이해할 수 있겠어? 약속한 시간보다 더 늦어질 경우 전화를 주는 건 어떨까? 그럼 내가 다른 사람에게 부탁을 하는 방법도 있으니까."

천천히 내 말을 듣고 있던 남편은 예전처럼 기분 나빠하지도, 비난의 말로 맞받아치지도 않았다.

"아, 자기 정말 초조했겠다. 미안해. 전화를 해줬어야 하는데 윗분들과 같이 있다 보니 전화할 기회를 못 잡았어. 다음에 이런 상황이 되면 미리 문자라도 남겨줄게"라며 오히려 미안해 어쩔 줄 몰라 했다. 그 후로 나는 남편과 대화를 할 때면 이 방법을 고수하고 있다. 물론 가끔은 과잉된 감정이 먼저 앞서 나갈 때가 있기도 하지만 가급적 내가 느끼는 감정과 욕구를 전달하려고 최대한 노력한다. 그러면 오해를 만들거나 서로의 마음에 상처가 되는 말들로 싸움이 되거나 감정이 상하는 상황은 현저하게 줄어들게 된다.

사람들은 왜 공격적인 말을 하게 되는 것일까? 그것은 자신이 바라는 것이 좌절되었거나 필요한 것이 결핍되었을 때 느끼는 고통의 표현이다. 적정한 감정 표현 방법이 훈련되지 않아서 크게 소리를 지르거나 거친 욕설을 하거나 물건을 던지는 등의 공격적인 방법을 사용하기도 하고, 이렇게 행동했을 때 주변 사람들이 위축되고, 자신이 원하는 대로 빠르게 상황이 정리되었던 경험이 있기 때문이다. 특히 후자의 경우 고분고분해진 다른 사람들의 반응을 통해 자신의 의견이 관철되었다는 착각을 하기도 한다. 그리고 이런 공격적인 방법이 효율적이라는 판단에 이후로도 비슷한 상황이 발생하면 습관적으로 행동하는 경향을 보이게 되는 것이다.

지금부터는 공격적인 행동에 맞춰져 있던 초점을 잠시 이동시켜보도록 하자. 공격적인 행동까지 해야만 하는 이유가 있기 때문이었다. 다음은 세미나 참가자들이 감정과 욕구를 살펴보며 해주었던 이야기들이다.

"너무 화가 나더라고요."
"그 사람이 너무 밉고, 용서가 되지 않았어요."
"내 자신이 바보 같고 주변 사람들이 꼴도 보기 싫었어요."

★ 단련하기

"너무나 억울하고 내가 무엇 때문에 이런 취급을 받으며 사나 후회가 됐죠."

"부끄럽고 죄스러움이 큽니다."

"그것밖에 안 되나 한심하더라고요."

"답답합니다."

공격적인 행동을 했던 사람들에게 자신의 행동에 대해 그 이유를 물으면 위와 같이 자신의 감정을 먼저 이야기한다. 결국 섭섭함, 답답함, 억울함, 슬픔, 한심함, 미움, 후회, 분노 등의 감정이 행동의 원인이 되었다는 것이다.

"내 마음을 이렇게 밖에 이해해주질 못하나 하는 마음에 화가 났죠."

"믿음이 깨지니 모든 것이 싫고 사람이 미워지더라고요."

"잘 해내고 싶었고, 인정받고 싶었는데 그게 안 되니까…."

"큰 것을 원하는 게 아니라 그저 작은 한 부분이라도 인정받고 싶었습니다."

"가장으로서 당당하고 싶고, 뭔가 가족을 위해 기여하는 것이 많으면 좋죠."

"좋은 엄마. 존경 받는 엄마이고 싶은데 잘 안 되네요."

"소통이 안 되니 갑갑하죠."

그리고 다시 그들의 마음 깊숙이 들어가 보니 그들이 느낀 감정에는 원인이 되는 충족되지 않은 욕구가 있었다. 결국 어떤 사람의 공격적인 성향의 말과 행동은 조절되지 못하고 눈덩이처럼 커져 버린 감정을 이기지 못한 마음 속 고통의 표현이었으며, 이 마음의 고통은 원하는 것이 침범 당했거나 충족되지 못한 결핍에서 시작되었다는 것을 알 수 있다. 삶의 중간 중간에 무엇인가 어긋나는 느낌이 든다면 스스로 내면과 대화를 해야 한다. 기분이 어떤지, 그리고 무엇 때문인지에 대해 끊임없이 물어야 한다. 마찬가지로 내 옆 사람의 행동에 관심을 멈춰버리지 않기를 바란다. 그 사람이 느끼는 감정이 무엇인지 그리고 그 감정 아래 미처 꺼내지 못한 욕구가 무엇인지를 찾아줄 수 있기를 바란다.

감성액티브코칭 훈련이 된 사람은 자신과 타인의 '3단계 힐링 맵(언행-감정-욕구)'을 잘 알아차린다. 하지만 그 반대인 사람은 일이 어그러지고 나서야 문제를 인식하고 후회하게 된다.

삶의 중간 중간에 무엇인가 어긋나는 느낌이 든다면
스스로 내면과 대화를 해야 한다.
기분이 어떤지,
그리고 무엇 때문인지에 대해 끊임없이 물어야 한다.

★ 단련하기

300번의 신호와
1번의 사고

하인리히의 법칙Heinrich's law이라는 것이 있다. 이 법칙은 1931년 미국의 보험회사 관리감독자였던 하인리히가 그의 저서 《산업재해예방》에서 소개한 '1:29:300'이라는 법칙을 말한다. 그는 수천 건의 보험 고객 상담을 통해 자료를 분석한 결과를 소개하면서 '사고는 예측하지 못하는 한 순간에 갑자기 오는 것이 아니라 그 전에 여러 번 경고성 징후를 보낸다'고 주장하며 이를 '1:29:300'의 법칙으로 정립했다. 통계적으로 볼 때 심각한 안전사고 1건이 일어나려면 그 전에 동일한 원인으로 경미한 사고가 29건, 위험에 노출되는 경험이 300건 정도가 이미 존재한다는 것이다. 그러므로 그러한 징후들을 제대로 파악해서 대비책을 철저히 세우면 대형 사고를 막을 수 있다는 논리이다.

내가 있는 현재가 무릉도원이다.
과거는 한 밤의 꿈으로,
현재는 열심히 돌아가고 있는 꿈 공장으로,
미래는 그림으로 그리는 꿈으로…

- 김연서(프리랜서 방송인)

우리가 살아가면서 맞닥뜨리는 인생의 사건, 사고도 마찬가지일 것이다. 지난 9월 강촌의 한 리조트에서 강의가 있었다. 3일간의 강의 중간 샌드위치 데이와 같이 하루 쉬는 날이 있어 근처 수목원으로 동료 강사와 산책을 나섰다. 이른 가을꽃과 조금씩 색이 짙어지고 있는 나무들을 보며 가을을 만끽하려는 찰나, 나는 길가에 떨어져 있는 밤을 발견했고, 그 자리를 올려다보니 밤나무가 있었다. "와~~! 여기 밤나무가 있었네"로 시작된 밤 줍기는 무려 1시간 30분 동안이나 계속되었다. "이제 그만 돌아가야지" 하면서도 자꾸 발견되는 밤알의 유혹을 떨치기란 힘들었다. 그렇게 신이 나서 밤을 줍는데 갑자기 손바닥이 따끔거려 살펴보니 작은 밤 가시 하나가 박혀 있었다. 나는 순간 '하인리히의 법칙 1:29:300'을 떠올렸다.

'이것은 1번의 사고를 막아주기 위한 300번, 아니 29번의 경고일 거야'라고 생각하는 순간 내 모습이 눈에 들어오기 시작했다. 신발은 흙먼지로 뒤덮여 있었고, 옷에는 풀과 나뭇잎 잔 조각들이 붙어 있었다. 생각해 보니 경사로에 있는 밤을 줍기 위해 발이 미끄러지기도 했고, 니트 재질의 옷에 나뭇가지가 걸리기도 했던 것들이 생각났다. 우리는 이렇게 낮은 파도처럼 경미한 사고들에는 민감하지 못하다가 높은 파도가 쳐오면 그때서야 크게 반응한다. 경고를 무시한 채 산을 계속 올랐다면 아마도 큰 사고로 연결됐을지도 모를 일이다.

우리가 느끼는 감정 또한 이와 비슷하게 닮아 있다. 업무에 몰입이 되지 않고 하루 종일 이마를 찡그리고 있을 때는 눈치채지 못하다가, "김 대리님 무슨 기분 나쁜 일 있으세요? 왜 이렇게 까칠하게 나오세요"라고 말해주는 동료의 말에 '내가 그랬나?' 하며 오늘 아침 출근 전 배우자와의 작은 신경전을 떠올린다.

평소에 감정을 읽고 욕구를 발견하는 훈련을 해야만 하는 이유는 바로 경미하게 지나쳤던 300번의 순간들을 놓치지 않기 위해서이다. 이 경미한 마음의 움직임을 알아차리지 못하면 '이게 다 너때문이야' 또는 '나만 사라지면 돼'라는 왜곡된 생각을 행동으로 옮기는 1번의 대형사고로 이어질 수 있기 때문이다.

● **1분 관찰하기**

- 나의 얼굴 주름을 살펴본다.

- 근육이 수축된 곳은 없는가?

- 혹시 마음으로 누군가를 죽이고 있지는 않은가?

  (잠시 눈을 감고 한 사람을 떠올린다. 내가 느끼는 반응(미소, 눈살 찌푸림, 심장박동)만큼이 나와 그 사람 간의 마음의 거리가 된다.)

나의 얼굴 표정과 신체의 반응으로부터 마음의 막힘을 알아차릴 수 있어야 한다.

★ 단련하기

아이에게 줄 수 있는
최고의 유산

모든 부모는 내 아이가 성장하는 과정에서 상처받지 않고, 건강한 감성을 차곡차곡 쌓기를 바란다. 그것은 부모가 아이와 소통하는 과정에서 충분히 심어줄 수 있는 부분이다.

최근에 있었던 일이다. 텔레비전을 보고 있던 아이가 갑자기 눈물을 뚝뚝 흘리며 울기 시작했다. 너무 놀란 나는 아이의 손을 잡고 아이를 안아주며 무슨 일인지 물었다.

"엄마. 저기 텔레비전에 나온 할머니가 너무 불쌍해. 겨울인데 신발도 안 신고 따뜻한 옷도 안 입고 배고파서 누워 있어. 진짜 우리 할머니가 떠올라서 자꾸 눈물이 나. 눈물을 그치려고 저건 텔레비전이야, 진짜가 아니라고 마음한테 말해줬는데도 계속 눈물이 나. 엄마 나 어떻게 해야 해?"

이 말을 듣고 타인의 고통에 울어줄 수 있는 아이의 마음이 무척이나 기특하여 꼭 안아주었다.

"우리 하윤이, 할머니가 가여워서 마음이 아프구나. 어려운 사람을 보고 눈물이 나오는 우리 하윤이 마음이 정말 예쁘다. 하윤이 마음한테 말해주자. 눈물아 괜찮으니 이제 그만 나와도 돼. 그리고 엄마처럼 크게 숨을 쉬는 거야. 하나 둘 셋 후~ 후~, 그리고 생각주머니한테 이렇게 말해주자. 하윤이 생각주머니야, 그 할머니는 사람들이 도와줘서 따뜻한 옷을 입고, 방에 들어가서 맛있는 밥도 먹으며 웃고 있으니 이제 걱정하지 말자."

아이의 엉뚱한 이야기에서도 아이의 내면에 있는 좋은 생각을 읽어주는 것, 그것은 부모가 아이에게 주는 최고의 유산이 될 것이다. 또한 아이 스스로 자신이 가지고 있는 소중한 가치를 인정할 수 있도록 생각의 기회와 경험을 제공하는 것이 부모의 역할인 것이다. 더불어 낙관적인 부모의 태도가 아이의 생각을 건강하게 바꿔주고 행복으로 이끌 수 있을 거라 믿는다.

스트레스를 해소하는 방법은 사람마다 모두 다르다. 한 기관에서 직장인들을 대상으로 조사한 결과 음주가무, 뒷담화, 운동, 수면, 여행 등의 스트레스 해소 방법이 거론되었다. 일반적으로 스트레스 관리를 위해서는 그 원인이 되었던 요소와 현상을 점검하고, 그것에 반응하는 신체 또는 정서적 긴장도가 어느 정도인지, 또 그

★ 단련하기

것을 해소하기 위해 개인마다 어떤 대처방법을 가지고 있는지 공유하여 보는 것도 좋은 방법이다. 이 세 가지 영역 중 가장 핵심이 되는 것은 바로 대처방법일 것이다. 어떤 대처 행동양식을 가지고 있느냐에 따라서 느껴지는 스트레스의 무게가 현저하게 달라지기 때문이다. 여가활동이나 다른 취미 활동에 집중하는 것으로 해소하는 사람이 있는가 하면 명상, 이완요법, 애니멀 테라피, 아로마 테라피 등과 같은 자기관리를 통해 스트레스 해소를 사람도 있다.

이런 방법들과 더불어 감성액티브코칭에서는 신체보다는 마음에 조금 더 집중한다. 그러다 보니 상실의 순간 나를 지지하고 격려해줄 수 있는 인간관계와 소통의 역할을 크게 다루며, 무엇보다 내 자신의 마음 속 내면의 규칙을 점검하기를 권한다.

만약 내가 하윤이에게 "뚝 그쳐! 별 것도 아닌 거에 왜 이렇게 울어?"라고 반응했다면 아이의 따뜻한 마음에 짙은 상처가 남았을 것이다. 그리고 아이는 비슷한 상황마다 감정을 억압해버리거나, 전혀 조절하지 못하고 무작정 우는 아이가 됐을지도 모를 일이다. 그렇기 때문에 우리는 스스로를 조절할 수 있는 내면의 생각을 비롯해 생각의 프레임을 바꾸는 인지훈련을 통한 스트레스 관리방법을 터득해야만 한다. 또 그것을 인도할 수 있는 부모이자 소통가가 되어야 하겠다.

아이들의 눈 속에서
이 땅의 미래를 본다.

– 서지혜(선교사)

©서지혜

생각이 만들어내는
'지금 이 순간'

잘 알려진 심리현상 중 플라시보 효과Placebo effect라는 것이 있다. 의사가 환자에게 약효가 없는 가짜 약을 진짜 약으로 믿게 하고 투여했을 때 환자의 믿음으로 인해 병이 호전되는 현상을 말한다. 그 반대의 말로 쓰이는 노시보 효과Nocebo effect도 있다. 이는 진짜 약을 주었는데도 환자 스스로가 효과가 없다고 생각하면 약효가 나타나지 않는 현상이다.

유럽에서 미국으로 운행 중인 한 배가 있었는데 이 배 안에는 고기를 저장하는 커다란 냉장고가 실려 있었다. 어느 날 실수로 선원 한 명이 냉장고에 갇혀버리는 사건이 있었는데 미국에 도착했을 때 그는 숨진 채로 발견되었다. 그리고 냉장고 벽 한편에는 '몸이 점점 얼어붙고 있다. 이제 나는 곧 죽을 것이다'라고 쓰여 있었

★ 단련하기

는데, 놀라운 사실은 이 냉장고의 전원은 꺼져 있었다는 것이다. 전혀 추위를 느끼지 못할 장소인데도 불구하고 추위를 이기지 못하고 사망하는 어이없는 이 죽음은 자신이 죽을 것이라고 믿는 마음과 두려움이 만들어낸 참극이 아닐 수 없다.

그렇다면 왜 이런 현상이 발생하는 것일까? 바로 이것을 심리학과 인지신경학에서는 '아래-위bottom-top 사고처리'와 '위-아래 top-down 사고처리' 방식을 들어 설명한다. 감각을 통해 실제 보고, 듣고, 느끼는 등의 사실의 정보를 알아차린 후 인지하는 경우는 아래-위 사고처리에 속하며, 예상과 추론을 통해 정보의 범위를 좁혀가는 방식은 위-아래 사고처리에 해당한다. 즉, 앞의 예화는 전원이 꺼져있는 냉장고지만 그 선원에게는 '냉장고 안은 온도가 낮아 체온이 떨어질 것이다'라는 위-아래 사고처리 방식이 가동했던 것이다.

사람은 어떻게 사고하느냐에 따라 현재를 해석하는 방식이 달라지며, 그 해석의 기준이 현재의 모습을 바꾸기도 한다. 좋은 예로 우리에게 잘 알려진 원효대사에 얽힌 이야기를 떠올릴 수 있다. 원효대사가 의상대사와 함께 당나라로 가는 길에 동굴에 들어가 하룻밤을 보내게 되었다. 그날 밤 잠에서 깨 갈증을 느낀 원효대사는 어둠 속에서 머리맡에 놓여 있던 물을 맛있게 마신다. 그러나 다음날 아침 그 물이 해골바가지에 고여 있던 썩은 물이라는 것을 아는 순간 다 토해내고 말았다. 생각이 우리의 몸과 마음을 지배한 것이다.

슬픔, 두려움, 부끄러움, 분노와 같은 감정을 내려놓기란 힘들다. 말 그대로 너무 속상하고 슬픈데 슬픔을 멈추라는 것이 말이되는가? 우리의 감정을 직접 다스리는 것은 매우 어려운 일이다. 감정이란 내가 조절해서 수동적으로 발생시키는 것이 아니기 때문이다. 그럼 내면의 성찰을 통해 인간이 조절할 수 있는 것은 무엇일까? 그것은 바로 그 감정을 유발시키고 증폭시킨 '생각'이다. 감정을 중단시키는 것에 마음을 두기보다 사실이 아닌 왜곡된 생각을 끊어내는 것에 집중해야 한다. 사실은 얼마든지 점검해볼 수있지만 생각과 견해는 그럴 수 없기 때문이다.

버스에서 내려 밤길을 혼자 걷는 여자가 있다고 가정해 보자. 어두운 골목길에서 갑자기 한 남자가 나오더니 여자가 가는 방향으로 계속 뒤따라온다. 그 순간 여자의 심장 박동은 급격히 증가하고 긴장과 두려움을 느낄 것이다. 이 여자에겐 어떤 생각이 숨어 있었던 것일까? 이런 급박한 상황에서는 생각을 애써 했다기보다는 평상시 여자가 가지고 있던 어둠, 골목길에 대한 부정적인 생각이 본능적으로 떠오른 것이다. '세상이 흉흉하다', '밤거리는 위험하다', '낯선 사람이 따라오는 것은 뭔가 불길하다' 등의 생각들을 평소에 했던 것이고, 그런 생각이 골목길에서 마주친 남자에게 투영된 것이다. 그저 사실만 보았다면 한 남자가 길을 걷고 있

★ 단련하기

다가 맞을 것이다. 하지만 사실에 생각을 더하기 하는 순간 감정
은 이동하게 된다.

이런 생각은 도움이 안 되는 것일까? 반대로 평소 '밤길에 남자
가 나타나도 그것이 반드시 위험을 알리는 신호는 아니다'라든가
이런 상황의 경험을 여러 차례 반복됐을 때 안전하다고 받아들인
사람은 같은 상황에서 긴장도가 높아지진 않을 것이다.

내면의 규칙을 긍정적으로 바꾸기 위해서는 첫째, 사실만 기억
하고 떠올리자는 것이다. 둘째, 감정을 부정적으로 과잉시키는 생
각은 끊어낼 필요가 있다.

마음을 치유하는
마음 규칙

사실에 대해 어떤 규칙을 가지고 해석하느냐에 따라 우리 내면은 초기에 느꼈던 감정을 더욱 확산시키기도 하고 축소시키기도 한다. 중요한 보고가 있는 날 아침에 늦잠을 자게 되어 아무리 빠르게 준비를 해도 출근시간보다 30분 정도 늦게 되었다고 가정해보자. 이때 내 감정이 어떻게 이동하는지를 보면 이해가 쉬울 것이다.

첫 번째 A는 상황에 이렇게 대처했다.

　- 상황 : 아침 늦잠으로 30분 지각을 할 것 같다.
　- 초기 감정 : 당황스럽고 살짝 걱정이 된다.

★ 단련하기

- 생각 : 상사에게 사실대로 말하고, 양해를 구하면 잠깐 동안은 질책이 있겠지만 이내 곧 이해해 주실 것이다.
- 변화 감정 : 휴~, 긴 숨을 내쉰 후, 점차 안정을 찾게 된다.
- 행동 : 평소보다 빠른 속도로 출근 준비에 집중한다. 빠른 교통수단이 무엇일지 떠올린다.

두 번째 B처럼 상황을 대처하는 사람도 있다.

- 상황 : 아침 늦잠으로 30분 지각을 할 것 같다.
- 초기 감정 : 내가 한심하고 동시에 초조하기도 하다.
- 생각 : 스스로에게 '도대체 제대로 하는 것이 없구나'라는 자책을 한다. 동시에 상사가 화를 낼 것이다. 이 일이 앞으로 내 인사평가에 불리한 작용을 할 것이다.
- 변화 감정 : 불안과 걱정이 점점 증폭된다.
- 행동 : 무엇을 먼저 해야 할지 잠시 멍한 상태가 되기도 한다. 자꾸 물건을 빠뜨리거나 잦은 실수가 반복된다. 늦은 것인지를 묻는 가족을 향해 신경질적으로 반응한다.

감정을 만드는 것도, 감정을 확산하거나 축소시키는 것도 생각이 크게 작용한다. 결국 생각은 나의 신체Body와 감정Mood, 그리고 언행Word의 변화에 영향을 미치는 가장 중요한 키워드인 것이다.

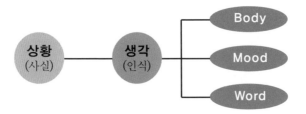

　어떤 일을 경험할 때 내가 그것을 바라보고 해석하는 지각이 어떤지에 따라 나의 BMW는 행복한 상태가 되기도 하고 상실의 상태가 되기도 한다. 우리가 하는 생각은 크게 나의 몸과 마음에 도움이 되는 생각과 그렇지 못한 생각으로 나누어 볼 수 있다.

　　1. 나는 송혜교만큼 매력적이다.

　　2. 나의 가족들은 나를 사랑하며 믿어준다.

　　3. 내가 도착했을 때 말을 멈춘 이유는 내 험담을 하고 있었기 때문이다.

　　4. 사람들은 내가 발언권을 갖는 것에 대해 불쾌하게 생각한다.

　　5. 나의 배우자는 언젠가 나를 떠날 것이다.

　　6. 나는 계속 성장하고 있다.

　　7. 나는 친구들에게 가치 있는 사람이다.

　　8. 가족들은 내가 떠나기를 바라고 있다.

　　9. 직장의 상사는 나의 재능을 높게 평가한다.

★ 단련하기

10. 내가 챙겨주지 않으면 가족들은 아무것도 제대로 하지 못할
    것이다.

위의 문장들은 사실이 아니라 지극히 주관적인 나만의 마음속
에 자라는 규칙들이다. 이 규칙들 중에는 마음을 병들게 하는 것도
있고, 마음이 건강할 수 있게 도와주는 것도 있다. 어떤 것들인지
쉽게 찾을 수 있었는가?

● 마음을 병들게 하는 생각(규칙)
위의 문장들 중 나의 몸과 마음을 병들게 하는 생각은

  3. 내가 도착했을 때 말을 멈춘 이유는 내 험담을 하고 있었기 때
     문이다.
  4. 사람들은 내가 발언권을 갖는 것에 대해 불쾌하게 생각한다.
  5. 나의 배우자는 언젠가 나를 떠날 것이다.
  8. 가족들은 내가 떠나기를 바라고 있다.
  10. 내가 챙겨주지 않으면 가족들은 아무것도 제대로 하지 못할
      것이다.

가 해당된다.

● <u>마음 회복을 위한 생각</u>(규칙)

위의 문장들 중 나의 몸과 마음을 회복시켜주는 생각은

    1. 나는 송혜교만큼 매력적이다.

    2. 나의 가족들은 나를 사랑하며 믿어준다.

    6. 나는 계속 성장하고 있다.

    7. 나는 친구들에게 가치 있는 사람이다.

    9. 직장의 상사는 나의 재능을 높게 평가한다.

가 해당된다.

★ 단련하기

행복을 위한 선택은
내게 있다

　동일한 사실에 대해 몸과 마음, 언행의 반응도는 무척이나 다르다. 그렇게 작용시킨 것은 자신이 순간적으로 머무는 생각에서 비롯된다. 이왕이면 위의 '마음을 회복시키는 생각'처럼 긍정적인 사고처리 방식을 유지하는 것이 행복하지 않을까? 선택은 내게 달려 있다. 아래와 같이 내 마음 속 내면의 규칙을 새롭게 만들어 보도록 하자.

　　- 나는 모든 것의 근원이다.
　　- 나는 행복의 근원이다.
　　- 나는 기쁨의 근원이다.
　　- 나는 사랑의 근원이다.

- 나는 평화의 근원이다.

- 나는 부의 근원이다.

상황(사실)	생각(내면의 규칙)	Body, Mood, Word 반응정도
동창 모임이 있다는 배우자가 새벽 3시까지 연락이 되지 않는다.	오랜만에 친구들과 즐거운 시간을 보내고 있나 보군.	B) 이완된 상태. M) 편안함, 만족감 W) 내가 하고 싶은 일에 집중
	사고가 났거나 세상이 흉흉한데 혹시 나쁜 일이 있는 것은 아닐까?	B) 심장박동수 증가, 근육 수축 M) 불안, 걱정, 초조, 긴장 W) 안절부절 못하며 돌아다 닌다. 계속 전화를 하거나 손톱을 물어뜯기 시작한다.
	혹시 학교시절 첫사랑을 만나서?	B) 두통, 혈압 상승 M) 서운함, 미움, 증오 W) 잦은 한숨, 다른 가족에게 신경질적인 언행

긍정적인 위-아래 사고처리를 하면 할수록 앞쪽 뇌(전두엽)도 활성화되어 생물학적인 측면에서도 훨씬 건강해질 수 있다고 하니 몸과 마음을 동시에 챙기는 일석이조가 되어 줄 것이다.

러시아의 음악가 세르게이 라흐마니노프Sergei Rachmaninoff는

232
•

190센티미터의 큰 키와 30센티미터의 긴 손가락을 가졌다고 한다. 뛰어난 피아노 실력을 가지고 있었던 그는 많은 러시아 사람들의 기대를 한 몸에 받고 있었다. 하지만 24세가 되던 해 많은 사람들의 기대 속에 발표한 첫 번째 교향곡이 평론가들로부터 혹평을 받게 된다. 그 뒤로 곡을 쓰는 것이 두렵고 무서워진 라흐마니노프는 결국 곡을 쓰는 것을 포기하고 3년 동안 극심한 우울증과 단기 기억상실증에 걸리게 되는데, 마지막 지푸라기라도 잡는다는 심정으로 찾아간 사람이 그 당시 러시아의 최면 암시요법의 권위자였던 니콜라이 다르 박사였다. 라흐마니노프는 다르 박사에게 상담을 받으며 다시 정상의 컨디션을 회복할 수 있었다고 한다. 무엇이 라흐마니노프를 되돌려 놓은 것일까?

니콜라이 다르 박사는 열광적인 음악 애호가였다고 한다. 그런 연유로 두 사람은 일반적인 의사와 환자 관계 이상의 친밀감을 형성할 수 있었고, 그런 다르 박사를 신뢰한 라흐마니노프는 자기공개와 피드백에 긍정적인 반응을 보였을 거라 추측한다. 중증 우울증 환자였던 라흐마니노프에게 다르 박사가 시도했던 치료법은 앞서 설명했던 '자기암시(자기실현예언)'법이었다고 한다.

"세르게이. 자네는 이제 다시 음악을 쓸 수 있을 거야. 그 어느 것보다도 뛰어나고 훌륭한 최고의 작품을 쓰게 될 거야. 무척이나 쉽게, 그리고 자연스럽게…."

지금 내 머릿속을 채우고 있는 주된 생각은 어떤 것인가? 그 생

각이 나를 병들게 하는지 혹은 회복력을 높여주는지 검토해 보길
바란다.

또한 타인으로부터 받는 사회적 지지는 잘못된 내면의 규칙을
새롭게 정립하는 데 큰 도움이 된다.

다음은 감성액티브코칭 세미나에 참여했던 참가자들이 적었던
힐미 메시지(들으면 기분 좋아지는 말, 듣고 싶은 말) 내용이다. 메시지
카드에 손수 자신이 듣고 싶은 말을 적어 넣어 다른 참가자들에게
돌아다니며 서로에게 들려주는 시간을 가졌는데, 눈물을 흘렸던
사람에게도, 화통하게 웃어 보였던 사람에게도 모두 마음에 큰 위
로와 용기가 되었다.

● 내가 듣고 싶은 Heal me message

- 네가 있어 참 행복해

- 잘했어. 잘하고 있어!

- 너는 뭐든 할 수 있는 재능이 있어.

- 함께 있으면 즐겁고 에너지가 넘쳐요!

- 너는 사랑으로 충만하고 충분히 매력적인 사람이야!

- 네가 원하는 바를 이룰 수 있는 재능과 용기를 충분히 가지고 있어.
  네 자신을 믿으렴!

- 나를 바라보며 끄덕여 주세요!

★ 단련하기

- 남을 배려하면 뭔가 좋은 일이 생길 거야. 그러니 힘내!

나를 포기하지 않게 하는 말의 목록을 만들어 가지고 있다면 그리고 그것으로 자신과 대화할 수 있다면 건강한 방어기제를 형성하는 데 도움이 될 것이다.

● **당신의 Heal me message를 적어보세요!**

건강한 감성을 위한
자존감 회복하기

행복한 자아를 만들기 위해 필요한 감성액티브코칭은 바로 나의 존재 가치를 인정하는 용기를 키우는 것이다.

대한민국은 많이 아프다. 이 시대를 살아가는 사회와 가정, 그리고 개개인의 마음은 병들어 있다. 갈수록 치열해지는 경쟁과 더불어 예측할 수 없는 불안한 미래에 마음이 약한 누군가는 삶을 포기하는 것으로 고통을 표현하기도 한다. 실제 우리나라는 OECD 가입국 중 10년 동안 자살률 1위라는 불명예를 한 번도 양보한 적이 없다. 가슴 아픈 일이 아닐 수 없다. 통계청 발표에 따르면 2014년 자살로 사망한 사람은 1만 4,427명으로 하루 39.5명이 생을 마감하고 있다. 왜 이런 극단적인 선택을 하게 되는 것일까? 나는 이것이 현재 주어진 자신의 삶을 해석하는 긍정 지수와 밀접한 연관이 있다고 본다.

역시 2014년 갤럽 조사에 따르면 한국인이 한 해 동안 느낀 긍정적 감정을 지수로 환산해 국가별 순위를 매겼더니 138개국 중 90위에 머물렀다. 갤럽의 긍정지수는 조사 대상국 국민을 대상으로 '어제 당신이 존중받았는가?', '어제 충분한 휴식을 취했는가?' 등의 질문에 '예'라고 답할 때 점수를 가산하는 방식으로 집계되었고 한국은 63점으로 체코, 이란, 룩셈브르크, 카자흐스탄과 같았다.

그렇다면 어떤 사람들이 자신에게 주어진 삶을 수용하고, 그 안에서 긍정적 요소를 찾아 건강하게 살아갈 수 있을까?

● **나를 발견하는 물음표 6** ●

Q1. 지금 현재 내 모습을 존중하고 그대로 사랑하는가?

Q2. 내가 가진 재능과 잘 해낼 수 있을 것이라는 자기 확신이 있는가?

Q3. 과거의 실수와 실패에 대해서 수용하고 현재 원하는 욕구를 위해 건강하지 못했던 행동 양식을 변화시키고자 하는 마음이 있는가?

미국의 농구선수 마이클 조던은 자신의 성공을 이렇게 말했다.

"나는 내 농구인생에서 9,000개 이상의 슛을 놓쳤고, 300번의 패배를 기록했다. 그 가운데 26번은 다 이긴 게임에서 마지막 슛을 실패하는 바람에 졌다. 나는 살아오면서 수없이 많은 실패를 경험했다. 바로 그것이 내가 성공한 진짜 이유다."

마이클 조던처럼 내게 닥친 고통과 실패와 좌절을 성장의 동기로 해석해내는 것이 자기수용을 통한 자기긍정이다. 나를 아끼고 소중히 여기는 사람은 자기 앞에 얼기설기 엉켜버린 마음의 상처를 스스로 치유할 수 있다. 그리고 그것으로 말미암아 내 가족과 주변을 볼 수 있게 되는 것이다. 그러기 위해서는 자신 스스로를 인정하고, 소중히 여기는 자존감Self-esteem이 먼저 채워져야 한다. 자존감이란 무엇일까? 그리고 자존감은 어떻게 끌어올릴 수 있을까?

아이가 네 살이 되었을 때의 일이다. 가족 모두 외출 후 집으로 돌아와 아무 생각 없이 현관문 비밀번호를 눌렀다. 그 순간 아이가 큰 소리를 내며 울기 시작했다.

"내가 누르려고 했는데 엄마 미워."

그래서 우리 가족은 다시 집밖으로 나왔고 마치 외출에서 지금 막 돌아오는 것 같은 분위기를 연출해주었다. 그리고 이번에는 아이가 현관문의 번호를 누를 수 있도록 해주었다. 그러자 아이는 의

★ 단련하기

기양양하게 번호를 누르고 자신이 문을 열었다는 사실에 만족해 하며 활짝 웃어 보였다.

이럴 때 아이는 자신의 가치를 높이 평가하고, 스스로를 인정하고 사랑하는 마음인 자존감이 형성되기 시작하는 것이다. 아마 아이를 키우는 가정이라면 한 번쯤은 경험했을 일이다. 이 또래의 아이들은 아직 숫자는 알지 못해도 현관문 비밀번호의 위치를 기억하고 자신이 직접 비밀번호를 누르고 문을 여는 것에 나름 뿌듯한 성취감을 느끼는 것이다. 성장하는 과정에서 이런 소소한 일상에서의 성취감과 정서적 지지가 충족된 경우에는 새로운 것에 도전하거나, 혹은 원하던 것이 잘 이루어지지 않거나 할 때 불안과 걱정보다는 '다음엔 잘 할 수 있어, 괜찮아'라며 스스로를 위로하는 용기를 낼 수 있게 된다.

사람은 일상의 경험에서 만들어지는 습관적 행동방식을 통해 무의식적인 생각을 만들어낸다. 행복한 경험에서 오는 자동적인 생각은 긍정적이며, 상처와 상실의 경험으로부터 오는 자동적인 생각은 부정적이고 건강하지 못한 행동양식을 형성시킨다. 어린 아이들이 이렇게 양육되었다면, 또는 양육하고 있다면 우리는 세상에서 일어나는 일과 내게 주어지는 일들에 대해 건강한 감성을 가지고 긍정적으로 해석하며 살아갈 것이다. 하지만 반대의 경우에는 건강한 감성을 빼앗기게 될 것이다. 상처와 상실로 얼룩진 감성은 자신을 비난하며 극심한 열등감과 우울증으로 내몰 것이며,

타인에게 분노를 표출하는 공격성을 드러낼 것이다. 자신의 가치를 볼 수 없게 되고, 현재에 집중할 수도 없을 것이다. 당연히 스스로 잘 해낼 것이라는 자기 확신도 사라진다.

이것은 꼭 양육의 과정이 아니더라도 성인이 된 후에도 직장 내 인간관계에서 고립되거나 업무에 대한 메마른 인정과 감정에 대한 거부, 거절의 경험이 많아지면 점점 내면의 감성이 위축되면서 자존감을 상실하게 되는 것이다.

행복한 경험에서 오는 자동적인 생각은
긍정적이며,
상처와 상실의 경험으로부터 오는
자동적인 생각은 부정적이고
건강하지 못한 행동양식을 형성시킨다.

나를 가장
열정적으로 만드는 것은
무엇인가

　건강한 행동양식을 만들기 위해서는 자신을 소중하게 생각하는 자존감이 높아야 한다. 이런 자존감은 여러 경험의 과정과 결과에서 발생하는 자기 만족감이 클수록 높아진다. 나는 과연 무엇을 할 때 가장 만족감이 클까? 여기에서 우리는 잠시 긍정심리학의 창시자인 마틴 셀리그만 교수가 제시한 긍정성 향상을 위한 두 가지 방법에 주목할 필요가 있다.

　첫 번째 방법은 잠자리에 들기 전 감사했던 일을 세 가지씩 적어 보는 것이다.

　두 번째 방법은 자신의 강점을 활용한 목표를 설정하고 실천하는 것으로써 긍정 마인드가 향상될 수 있다고 했다. 그는 이것을 설명하며 사람은 누구나 저마다 서너 가지의 대표 강점을 지니고

©유지성

더 넓게 더 멀리
실패를 두려워 말자.
우리 인생은 무한도전의 실험장이다.

- 유지성(오지레이서)

있으며, 이러한 강점은 본인이 스스로 인정하고 자부심을 느끼며, 일, 사랑, 자녀양육을 통해 매일 활용할 때 만족감을 높일 수 있다고 했다.

즉, 자신이 원하는 욕구를 건강하게 충족시키기 위해서는 자신만의 미덕이 되는 강점 활용을 날마다 반복해야 한다는 것이다. 그리고 그 반복을 통해 얻어지는 결과는 뿌듯한 성취감을 안겨주며, 이것은 다시 자기 만족감과 자기 확신에 의한 자존감을 높여주는 귀한 습관이 될 것이다.

그렇다면 강점이란 어떤 성질을 가지고 있을까? 마틴 셀리그만의 저서 《진정한 행복 만들기》에 언급되었던 간단한 기준을 살펴보면 다음과 같다.

- 진짜 나다운 것이라는 자신감이 생긴다.
- 발휘하는 순간 흥분의 도가니에 휩싸인다.
- 처음 습득한 이후부터 급속하게 발전한다.
- 꾸준히 계발하기 위해 새로운 방법을 계속 익히고 싶다.
- 그 강점을 활용할 때 자신을 제어하기 힘들다.
- 그 강점을 발휘하는 동안 피곤하기는커녕 의욕이 솟는다.
- 그 강점을 밑천 삼아 창업이나 개인 사업을 하고 싶다.
- 그 강점을 활용할 때 황홀경에 빠지기까지 한다.

그런데 누구나 자신의 강점을 발견하고 그것을 활용하는 방법을 터득하는 것은 아니다. 혹시 과거의 경험 속에 성공보다 실패의 기억이 강해 성취감이나 만족감 따위는 느껴본 적이 없다면 어떻게 할 것인가? 진정 그 사람에게는 행복을 만들어내는 강점이 존재하지 않는 것일까? 과거는 과거일 뿐, 과거를 지워버리는 것이 좋을까?

그렇지 않다. 현재 자신의 인생은 살아왔던 무수하게 많은 날들만큼 선택의 순간이 뒤따랐을 것이며, 그 선택에 집중하고 몰입한 결과가 현재의 모습이 되었을 것이다. 선택에 대한 몰입이 부족했다면 결과는 실패였을 확률이 높다. 그렇다고 별 것 아니니 지워버린다는 생각은 위험하다. 그것은 내 인생을 송두리째 날리는 것과 같기 때문이다. 또 무기력하게 '그래, 그땐 그랬지'라며 그저 수용하는 것도 답이 아닐 것이다. 그럼 어떤 태도를 취해야 할까? 그것은 바로 실패라고 한쪽으로 밀어놓았던 과거의 경험들에서 현재의 관점에서 긍정적인 가치를 발견해 보는 것이다.

이 방법에서 사건의 대처방법에서 발휘된 자신의 강점과 강화된 약점을 찾을 수 있을 것이다. 다음은 교육에 참여했던 참가자들이 작성한 강점이 발휘되었던 경험의 이야기이다.

사례. 1

A는 직장에서 자신이 작성하는 보고서마다 상사에게 지속적인 지

★ 단련하기

적을 당했다. 그때 취했던 행동은 '내가 잘못해서 지적을 당했고, 상사가 지적한 부분을 수용하여 보고서에 반영할 경우 발전이 있을 거야'라는 생각으로 수정과 보완을 반복했다고 한다. 이런 태도에서 발휘되었던 자신의 강점은 성실, 근면, 낙관성이었으며, 강화된 약점은 목적의식과 신념이었다.

사례. 2

B는 직업군인으로 전역을 한 후 한동안 취업을 하지 못해 낙심을 했다고 한다. 그런 가운데 자신이 취한 행동은 목표한 기업에 취업하기 위해 해당 자격증 취득과 기술 역량을 높이기 위한 학원에 등록하는 등 보다 철저한 준비를 한 것이다. 이때 발휘된 B의 강점은 판단력, 열정, 감사함이었으며, 강화된 약점은 학구열과 목적의식이었다.

이렇듯 개인이 경험하는 하나의 사건에는 반드시 그 사람의 대처 행동이 뒤따르게 된다. 그리고 그 행동에는 자신이 가지고 있는 고유의 강점과 약점이 강화되어 발휘되었을 것이다. 이러한 경험들은 균형잡힌 감성을 진화시키는 데 긍정적으로 작용된다는 것을 기억하길 바란다.

감성,
비우고 채워라

　나는 과거에 공군 여자학사장교 시험에 응시한 적이 있다. 고등학교 때까지 내 꿈은 군인이 되는 것이었다. 하지만 그 당시 여군을 뽑는 곳은 육군뿐이었고, 이건 내가 하고 싶어도 할 수 없는 일이라며 포기했다.

　그 후 수 년이 지난 후 공군의 여자학사장교 시험에 응시했다. 시험은 '면접-필기-체력장' 순서로 진행되었고, 나는 필기까지 통과한 후 합격할 수도 있겠다는 건방진 생각을 앞서 하고 있었다. 게다가 간혹 주변인들에게, "나 입대해"라며 치기어린 자랑을 하기도 했다. 그런데 결과는 탈락이었다. 속상한 마음과 창피한 마음이 동시에 들었다. 물론 내 경험은 결과적으로 실패이다. 하지만 이 시험을 준비하며 기회라는 것의 불규칙성에 대해 생각하게 되었고, 매사에 조금 더 신중해질 필요가 있음을 깨닫기도 했다. 더불어 면접 당시 면접관들 앞에서도 긴장한 기색 없이 내 생각을 잘 설명했던 내 모습이 기특하기도 했다. 물론 그 뒤로 여군시험에 다시 응시한 적은 없었고 어렴풋이 군인의 삶을 동경하며 지냈다. 그리고 지금은 육·해·공군을 대상으로 다양한 강의를 하며 지내고 있다. 결국 인생이라는 것은 계절의 반복처럼 여러 가지 경험들이 시간의 간격을 두고 순환되고 있고, 과거에 내가 지녔던 행동양식을 토대로 얼마든지 변형과 발전이 가능하다는 것을 깊이 새길 수 있는 기분 좋은 경험이었다.

감성액티브코칭의 궁극적인 목적은 내게 일어난 과거 또는 현재의 부정적 사실에 대한 긍정적인 재해석이다. 좀 더 자세히 말하자면 하나의 사건에 대해 긍정적인 반응을 이끄는 것이며, 반복적 훈련을 통해 무의식적으로 편하게 조절하고 표현되는 것이다.

세상에 실패한 인생이란 없다. 다만 그것을 어떤 생각과 견해를 가지고 보느냐에 따라 성공으로 인식되기도, 실패로 인식되기도 하는 것이다. 자신에게 닥친 상황을 건강하게 해석해내는 긍정적 정서를 지닌 사람은 충분히 자신을 있는 그대로 수용할 수 있다. 그리고 한 단계 발전된 인생 태도로 스스로를 통제할 수 있게 된다.

우리가 사는 인생은 드라마처럼 울다, 웃다를 반복한다. 그런데 어떤 이들은 이 과정이 반복되지 못하고 울고 또 울고, 결국 울다

지쳐버리는 경우가 종종 있다. 최초의 우리 마음을 빈 물 컵이라고 가정해 보자. 그리고 그 물컵에는 내가 '울고 싶은 일을 겪을 때마다 조금씩 물이 채워진다'라는 가설을 세운다. 시험에 떨어지거나, 교제하던 연인에게 이별 통보를 받거나, 열심히 준비한 보고서에 대해 강한 질타를 받거나, 가족 중 한 명이 암 선고를 받는다거나 하는 등의 일이 이에 속할 것이다. 어느 순간 그저 열심히 살아온 나의 물컵에 물이 가득차서 찰랑거린다. 그 틈을 타 배우자가 나에게 무심코 던진 "당신이 가족을 위해 도대체 뭘 했어?"라는 말은 청천벽력처럼 크게 비수가 되어 박히고, 모든 것이 후회스럽게 느껴지게 된다. 균형 잡혀있던 감성의 그릇도 제때 비워내지 못한다면 어느 순간 차고 넘치는 것을 막지는 못한다. 물론 가장 좋은 방법은 물이 채워지는 기분 나쁜 일들을 겪지 않으면 될 것이다. 하지만 우리의 인생은 피하지 못하는 일들의 연속임을 부정할 수가 없다. 내 감성의 물컵이 차고, 넘치다 못해 깨져버리는 일이 없도록 하려면 적절한 자기 공감을 통해 수시로 물을 비워내야만 한다. 감정을 이해하고 식별하는 과정을 거쳐 비워진 물컵은 또 어느 동안만큼은 내 다양한 감정을 수용할 수 있는 여유를 벌게 될 것이다. 그리고 그 여유는 나에게 상실을 극복할 건강한 대처방식을 생산할 수 있는 자양분이 될 것이다.

때로는 과거 또는 현재의 상처와 결핍들이 숨조차 쉴 수 없을 정도로 나를 강하게 압박해 올 것이다. 이때 느끼는 불안, 두려움,

분노의 감정을 내려놓기 위해서는 자신이 사건을 있는 그대로 직시하고 있는지, 혹은 사건을 재평가하면서 작동된 부정적 사고를 통해 보고 있는지를 알아차려야 한다. 그리고 자신에게 '왜'라고 물어 보길 바란다. 그러면 '~하길 원하니까, ~하고 싶으니까'라는 내면의 욕구가 발견될 것이다. 그 욕구를 실현시킬 수 있는 능력은 내가 지니고 있고, 충분히 해낼 수 있다는 자기 확신의 주문을 걸어라. 그런 다음 욕구를 실현시킬 수 있는 여러 가지 방법(수단)들이 인생의 성공 경험 속에 존재한다면 그것에 집중하길 바란다.

이렇듯 감성은 비워내고 다시 건강하게 채우기를 반복할 때 가장 아름답게 빛날 것이며, 이것이 나와 내 주변의 행복을 지키고 개척하기 위한 '감성액티브코칭'이다.

감성,
공감하고 소통할 수 있는 용기

음악은 왜 듣는가.

사진은 왜 찍는가.

글은 왜 쓰는가.

우리는 스마트폰 기반의 SNS의 시대를 살고 있다. 개개인의 대면적인 직접 소통은 줄었지만 온라인 상에는 그 종류도 다양하며 수적으로도 많은 사람들이 소통하고 있다. 사진을 찍고 올리고, 공감하며(좋아요) 또 다른 방식의 소통을 하고 있다.

우리는 왜 이런 방식을 선택하게 되었을까.

감성액티브코칭에 의하면 우리의 욕망이 소통을 원하고 있다는 것이다. 사진을 찍고 글을 쓰는 행위만으로도 개개인은 만족감을 느낀다. 자신이 원하는 것이고 자신과의 대화의 시간을 갖는 일이기도 하기에 치유의 과정이 되기도 한다. 게다가 누군가와 공감하고 소통할 수 있으니 1차적인 욕구보다 상위 욕구가 채워지는 셈이다. 물론 직접적인 개인 간의 소통이 아쉬워지는 부분이 있다. 그렇지만 우리는 현실적인 환경 안에서 최선의 소통을 다하고 있다는 점이다. 이 또한 용기인 것이다.

SNS도 트렌드가 있다. 페이스북이 사람 간의 소통의 공간이었다면 떠오르고 있는 인스타그램, 폴라 등의 콘텐츠 중심의 소통으로 옮겨가고 있다. 나와 같은 관심사를 갖는 불특정 다수와의 소통이 그것이다. 때로는 모르는 사람이 올린 글과 이미지에 자신의 감정을 투영해 적극적인 공감을 표시하기도 한다. 노래를 듣고 글을 읽으면서 눈물을 흘릴 수 있는 인간이란 존재는 얼마나 감성적인가.

반면에 지나치거나 부족한 감성은 비극의 씨앗이 되기 쉽다. 우리는 이러한 비극을 만들지 않기 위해 본능적으로 공감하고, 소통하는 방식을 선택하도록 진화되었는지도 모른다는 생각이 든다. 아마도 우리 아이들의 시대에는 건강한 감성을 키우는 일이 교과 과정에 포함될지도 모를 일이다(그렇게 되어야한다고 생각한다).

사람은 매순간 배우면서 살아간다. 마흔이 넘는 나이에도 새로 깨닫게 되는 삶의 교훈들이 매일 하나씩은 될 정도이다. 누구는 평생 모를 수도, 또 누구는 이미 알고 있을 수도 있는 일이다. 진작 알았더라면 덜 상처받고, 덜 상처줄 수 있었을 텐데…. 삶은 그리녹록치가 않다.

　이 책에는 감성도 코칭할 수 있다면 개인과 사회의 아픔과 불안이 반복되지 않을 텐데,라는 저자의 따뜻한 마음이 고스란히 담겨 있다. 더불어 마음이 힘든 사람들에게 행복해질 권리를, 살아갈 용기를 줄 것이다.

　또한 이 책에는 다양한 사람들의 사진과 글이 담겨 있다. 자신에게 힐링이 되는 사진과 글을 보내달라고 요청했는데, 기대 이상으로 멋진 사진과 글을 보내주었다. 모든 독자들이 충분히 공감하리라 생각한다.

　책을 만드는 데 함께해 준 김선규 님, 김연서 님, 박민정 님, 서지혜 님, 손주완 님, 유지성 님, 이명선 님, 임범수 님, 이현정 님, 정교소 님, 정대현 님께 감사드립니다.

이성이 인간을 만들어낸다면,
감정은 인간을 이끌어간다.

- 장자끄 루소